はじめに

今、世界で日本語を学ぶ小中学校の子どもの数は二〇〇万人を超えています。また、国内の公立学校では四万人以上の外国人児童生徒が日本語指導を必要としています。

これらの子どもたちが、日本語学習においてもっとも苦労しているのは漢字の習得であり、大変なエネルギーが要求されています。楽しく学習ができ、力がついていく漢字教材は、多くの学習者と日本語指導者が待ち望んでいるものだと思います。

公益社団法人国際日本語普及協会では、長年、難民の子どもたちや、公立小中学校やインターナショナルスクールに在籍する外国籍の子どもたちに日本語指導を行ってきた経験から、漢字習得のための多くのノウハウを蓄積してきました。それらのノウハウを基にして、『かんじ　だいすき』(一)～(六)、『中学に向けて　かんじ　だいすき』国語・算数編／社会・理科編／練習帳　社会・理科編を作成してまいりました。

この度、小学校の配当漢字が、「平成二十九・三十年改訂　学習指導要領」（文部科学省）のもと、二〇二〇年度より変更となりました。これに合わせて、『改訂版　かんじだいすき(五)』を刊行いたします。

多くの日本語を学ぶ子どもたちや指導者の方々にとって一助となることを願っております。

令和二年四月

公益社団法人国際日本語普及協会

この漢字練習帳を使って指導してくださる方に

この漢字練習帳は、日本語を母語としない外国人の児童生徒が勉強するための教材です。この教材は小学校の五年生の配当漢字一九三字を取り扱っています。先に出版した『かんじ　だいすき』シリーズの㈠㈡㈢㈣に続くものです。

1　配当漢字の再構成

一九三字の漢字をグループ分けし、関連のあるものは、まとめて覚えられるようにしました。『かんじ　だいすき㈤』は一課～十四課で構成されています。

2　語彙単位で導入

漢字の使い方がわかり、読解力がつくように、漢字一字ずつではなく、語彙単位で導入しました。（例　「術」ではなく「手術」）

3　音読み・訓読みは別々に提出

音訓を同時に覚えることは、外国人児童生徒にとって負担が大きいと考え、現在使われている教科書を参考に、理解しやすいと考えられる順に、音または訓のいずれかをまず提出しました。㈣までに学習した漢字の読み替えは提出ページの欄外にルビ付きで記載しました。

4 イラストの活用

訳語がなくても、イラストで漢字の意味がわかり、また視覚的にも楽しく覚えられるように、イラストを数多く取り入れました。

5 「いろいろな　読み方を覚えよう」

「いろいろな　読み方を覚えよう」のページを設け、児童生徒が間違えやすいものを紹介しました。

6 クイズやカルタを入れる

これまで学習したものを総合的に、またゲーム感覚で覚えられるようにしました。

7 昔話を読む

最後に昔話を入れ、学習した漢字を含むまとまりのある物語を読むことで、達成感を味わえるようにしました。(五)では『うらしま　たろう』を入れました。

8 索引

「いろいろな読み方」として索引を設け、学習した漢字の場所がわかるようにしました。「読み替え漢字」もまとめて、これまでに学習した場所を明記しました。

9 学習者の習熟度を確認

学習者の習熟度が確認できるように、巻末に『かんじ　だいすき(五)』で学習した漢字をまとめました。

10　「読み」「書き」を別々に掲載

小学校の高学年になり、漢字の量も増え、意味内容もより抽象的で複雑になってきた点を考慮し、『かんじ　だいすき㈣』からは第一部「読み学習」と、第二部「書き学習」に分けました。学習目的に応じて「読み練習」「書き練習」を学習する、または両方学習するなどと使い分けられます。

学習にあたって

各課の学習は、次の順序で進めると効果的です。

第一部「読み学習」

1　各課の扉にある「新出漢字」で、漢字の意味と読み方を学習する。
2　次のページで、漢字の意味と読み方を確認する。
3　「読み学習」で、文脈の中で漢字を読む練習をする。

第二部「書き学習」

1　漢字の画数、字形、書き順を見ながら、ますに書き、まとまった言葉や短い文を下段に書いて、書き方を勉強する。
2　「書き練習」で、文脈の中で漢字を書く練習をする。

尚、『かんじ　だいすき』シリーズ㈠〜㈤には、別売りのカード教材がありますのでご活用ください。

目次

【読み学習】（新出漢字は傍線が引いてあるもの）

一課　体と健康……1
清潔　検査　原因　眼科　血液　採血　手術　事故　効く　脈　救急車
クイズ（一）……6
二課　自然……7
河口　険しい　天気予報　気圧　桜　幹　枝　酸素　快晴　肥料　毒　殺す
クイズ（二）……12
三課　家族……13
夢　資格　祖父　経験　年寄り　移る　居間　妻　夫婦　似る　飼う　墓　財産
精神
＊いろいろな読み方1「行」

四課　友達 …… 19
集団　個人　招く　絶対　友情　版画　破る　貸す　旧友　再会　年賀状
＊ちょっと一休み（いろいろな読み方を覚えよう！） …… 24
五課　社会（一） …… 25
許可　判断　防止　賛成　責任　事件　暴力　犯罪
クイズ（三） …… 30
六課　社会（二） …… 31
政府　国会議事堂　国際　条約　金属　鉱物　銅　損害　利益　税金　義務　貯金
クイズ（四） …… 36
七課　貿易 …… 37
綿　布　豊富　囲む　貿易　製品　輸出額　増える　減る　期限
クイズ（五） …… 42
八課　算数 …… 43
質問　応用　仮分数　余り　比べる　測る　複雑　略す　率　正確　平均
＊いろいろな読み方２「大」

九課　国語……………………………………………………49
　基本　指示　順序　意志　内容　理解　張る　才能　構成　適切　接続語　句点
　厚い　述語　金賞
＊自動詞　破れる　移る　増える　減る……………………55
　他動詞　破る　移す　増やす　減らす
十課　歴史……………………………………………………57
　歴史　世紀　貧しい　仏像　永久　武士　領土　独立　勢力　統一
　国境　航海　象
＊ちょっと一休み（反対の意味の熟語《じゅくご》を覚えよう！）……62
十一課　学校㈠………………………………………………63
　職員室　教師　授業　修学旅行　日程　男性　弁当　パン粉　感謝　喜ぶ　校舎
　興味　規則　保護者　準備
十二課　学校㈡………………………………………………69
　制服　費用　特技　提出　知識　態度　総合　卒業証書　指導　成績　逆　評価

講演 過去 現在

十三課 生活(一) …… 75

往復 停留所 禁止 混雑 衛星 耕す 迷う 編む 織る 得意 広告 大型

十四課 生活(二) …… 81

習慣 支店 災害 営業中 朝刊 燃料 設計 新築 木造 非常口

【書き学習】

一課 体と健康 …… 87

潔 検 査 因 眼 液 採 術 故 効 脈 救

＊病院のいろいろな科

＊いろいろな読み方3「物」

二課 自然 …… 93

河 険 報 圧 桜 幹 枝 酸 素 快 肥 毒 殺

クイズ(六) …… 98

三課　家族……99
夢　資　格　祖　経　寄　移　居　妻　婦　似　飼　墓　財　精
四課　友達……105
団　個　招　絶　情　版　破　貨　旧　再　状
＊いろいろな読み方4「間」
五課　社会(一)……110
許　可　判　断　防　賛　責　任　件　暴　犯　罪
六課　社会(二)……115
政　堂　際　条　属　鉱　銅　損　益　税　預　義　務　貯
クイズ(七)……120
七課　貿易……121
綿　布　豊　囲　貿　易　製　輸　額　増　減　限
＊いろいろな読み方5「カ」

八課　算数 …… 126
質 応 仮 余 比 測 複 雑 略 率 確 均
＊いろいろな読み方6「国」
クイズ(八) …… 131
九課　国語 …… 132
基 示 序 志 容 解 張 能 構 適 接 句 厚 述 賞
十課　歴史 …… 138
貧 仏 像 永 久 武 士 領 独 勢 統 境 航 象
クイズ(九) …… 144
十一課　学校(一) …… 145
職 師 授 修 程 性 謝 喜 舎 興 規 則 保 護 準 備 弁 粉
十二課　学校(二) …… 152
制 費 技 提 徳 識 態 退 総 証 導 績 逆 価 評 演 講 過
現 在

十三課　生活(一)……159
　往　復　停　留　禁　混　衛　耕　迷　編　織　得　告　型
クイズ(十)……166
十四課　生活(二)……165
　慣　支　災　営　刊　燃　設　築　造　非　常
十五課
　お話　浦島太郎　171
五年生の漢字　画数……179
いろいろな読み方（索引）　新出漢字　読み替え漢字……180
五年生の漢字　～学習者の習熟度の確認にお使いください……190
クイズの答え……194
カルタ　198

読み学習

一課　体と健康

血《けつ》液《えき》

清《せい》潔《けつ》

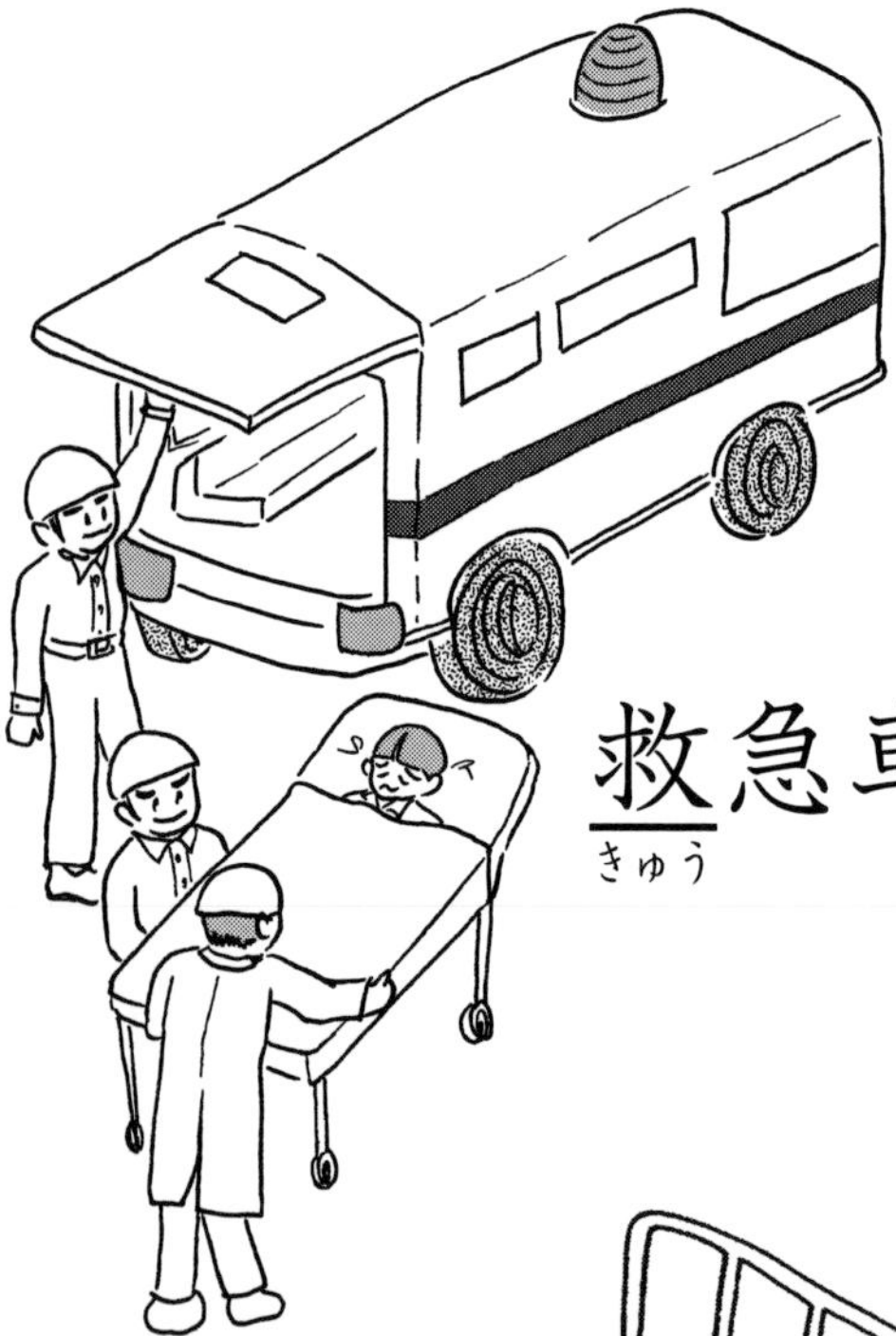

救《きゅう》急車

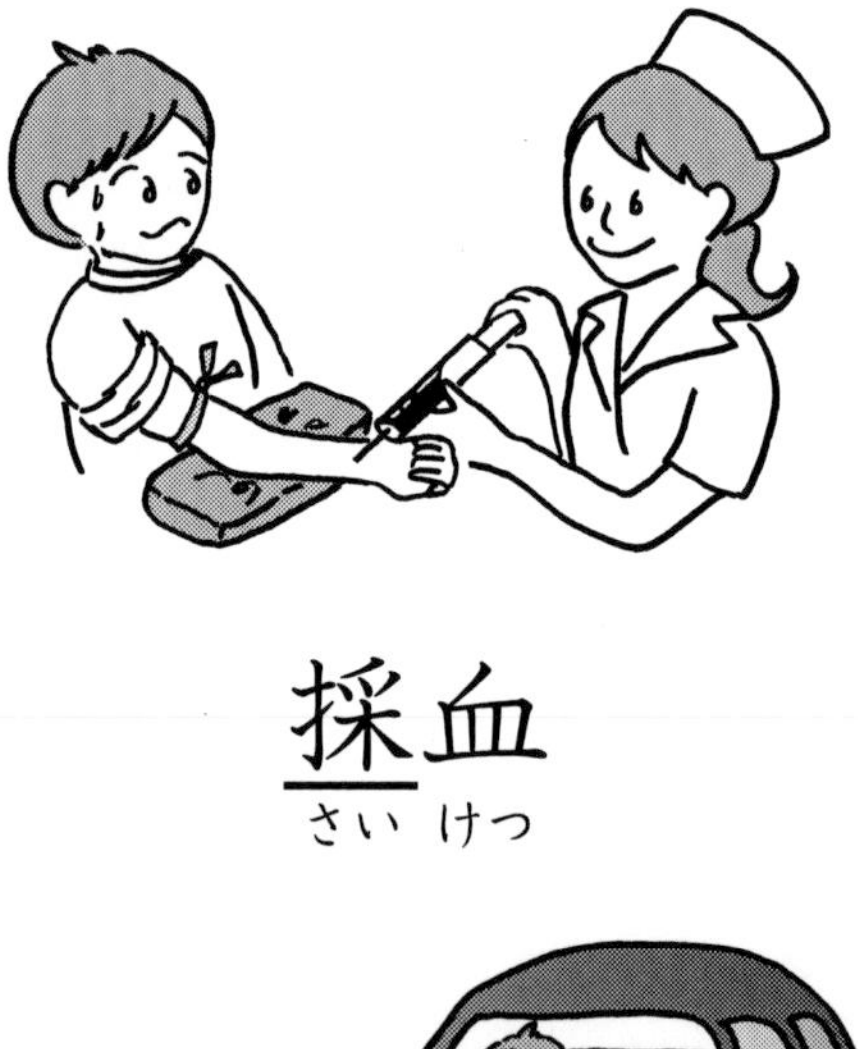

採《さい》血《けつ》

脈《みゃく》

事《じ》故《こ》

おなかが いたい 原因《げんいん》

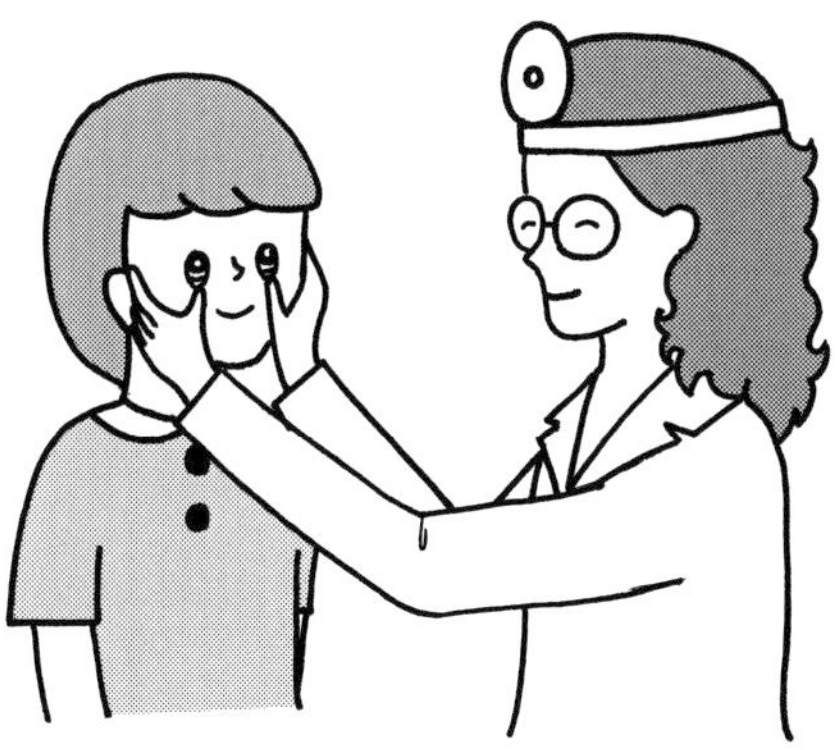

眼科《がんか》で 目《め》を 治《なお》す

薬《くすり》が 効《き》く

検査《けんさ》

手術《しゅじゅつ》

・脈

・眼　科

・検　査

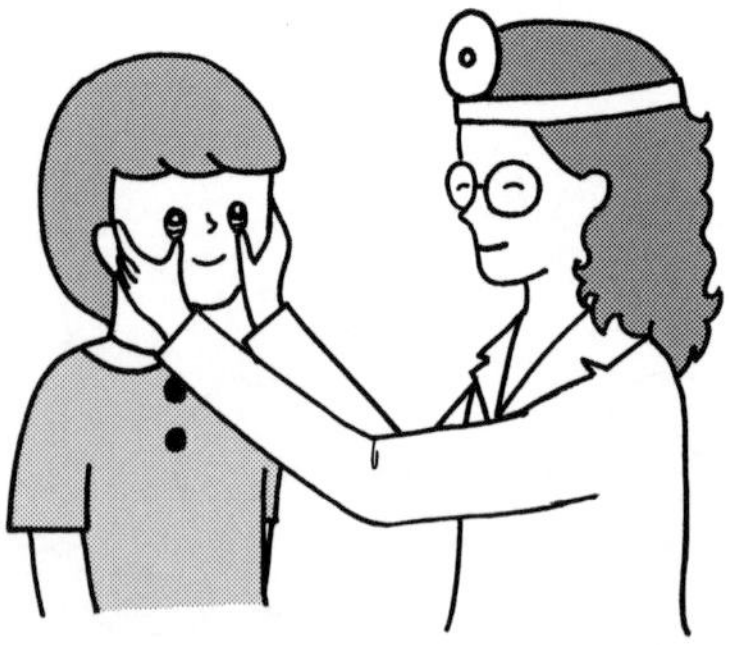

・清　潔

・原　因

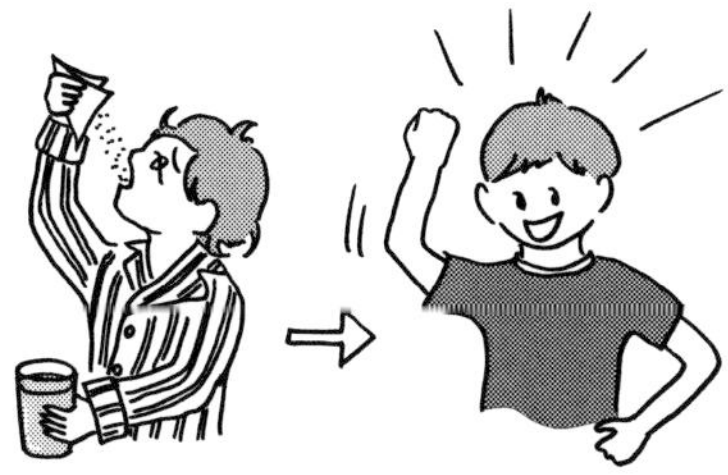

・ ・採　血

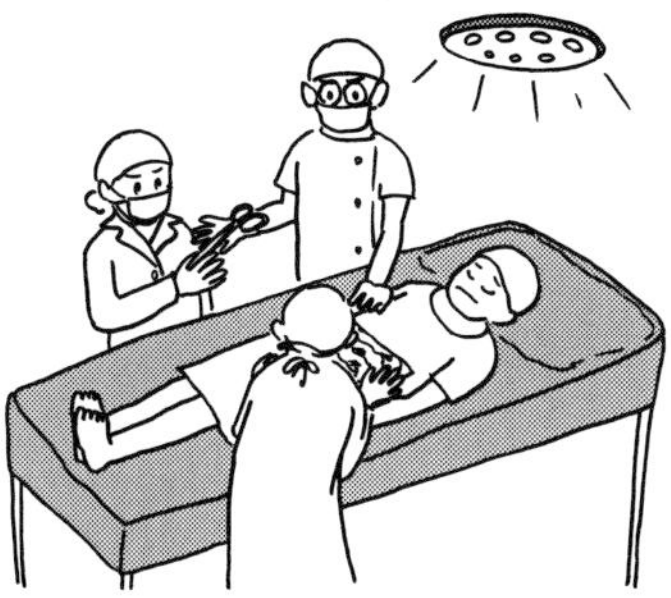

・ ・事　故

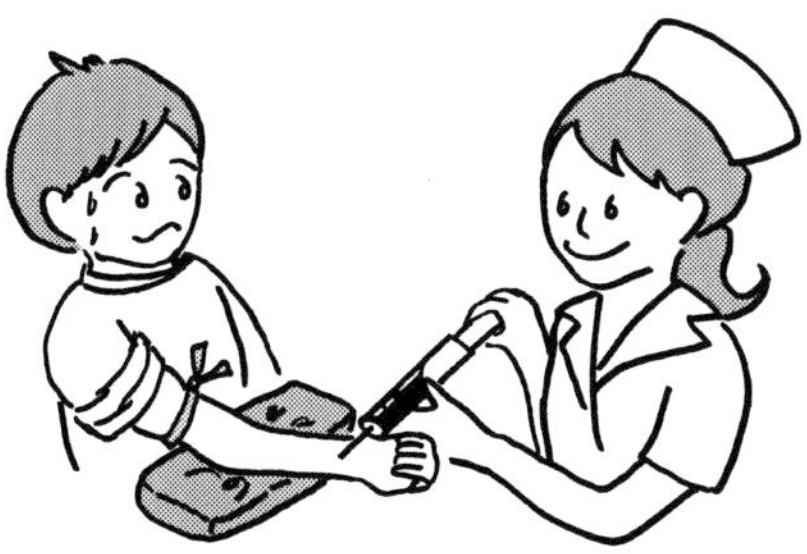

・ ・効　く

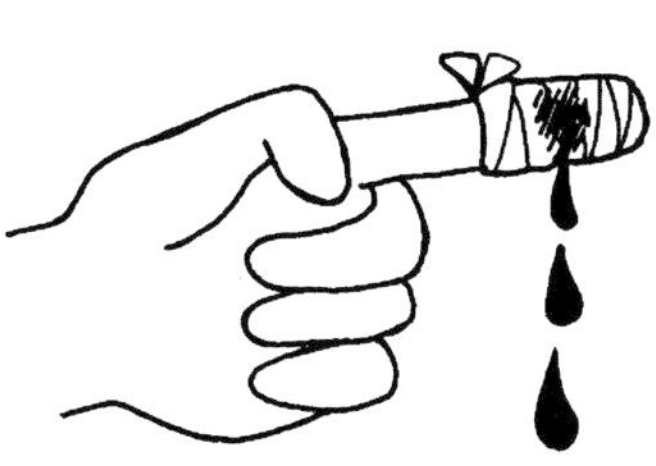

・ ・救急車

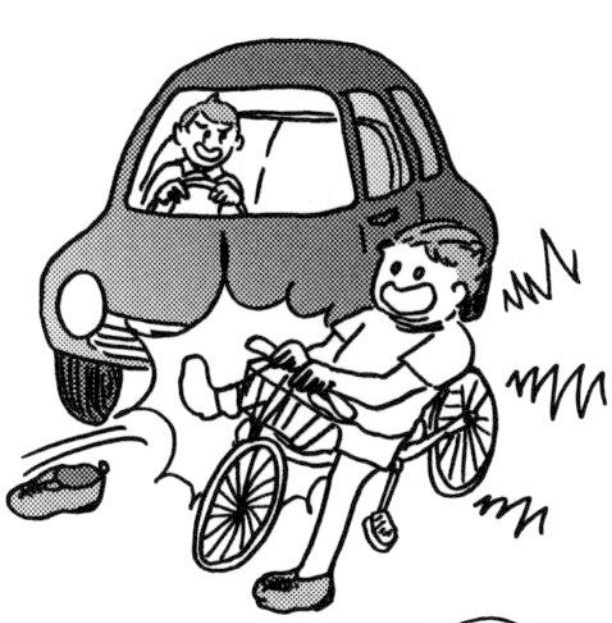

・ ・手　術

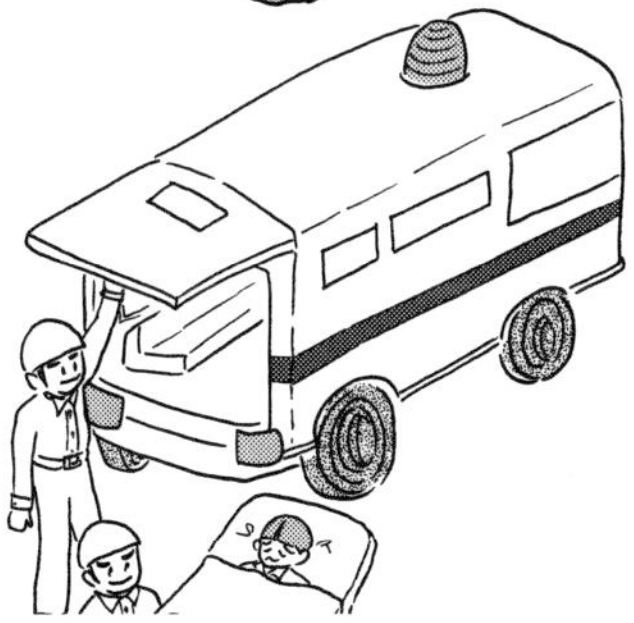

・ ・血　液

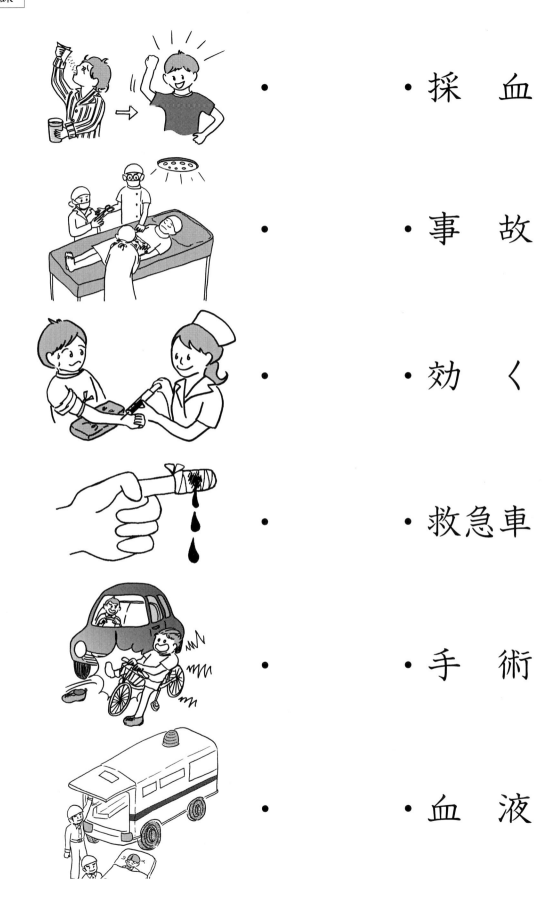

[読み練習]

1. 手を　洗って、清潔な　手で　ご飯を　食べましょう。
2. 食べすぎが　原因で、おなかが　いたくなりました。
3. 目が　かゆいので、眼科で　みてもらいました。
4. 「採血って　何?」「血管から　血液を　とることだよ。」
5. お父さんは、頭が　とても　いたむので、あした　検査を　します。
6. お兄さんは　バイクで　事故を　起こして、足を　手術しました。
7. これは　とても　よく効く　薬です。せきが　止まりました。
8. たくさん　走ったので　どきどきして　脈が　はやいです。
9. 男の人が　たおれている。救急車を　呼んで。早く　早く。

手《シュ》術　手《て》

原《ゲン》因　原《はら》

クイズ（一）　顔と体の名前

（　　）に読み方を書きましょう。

1．顔

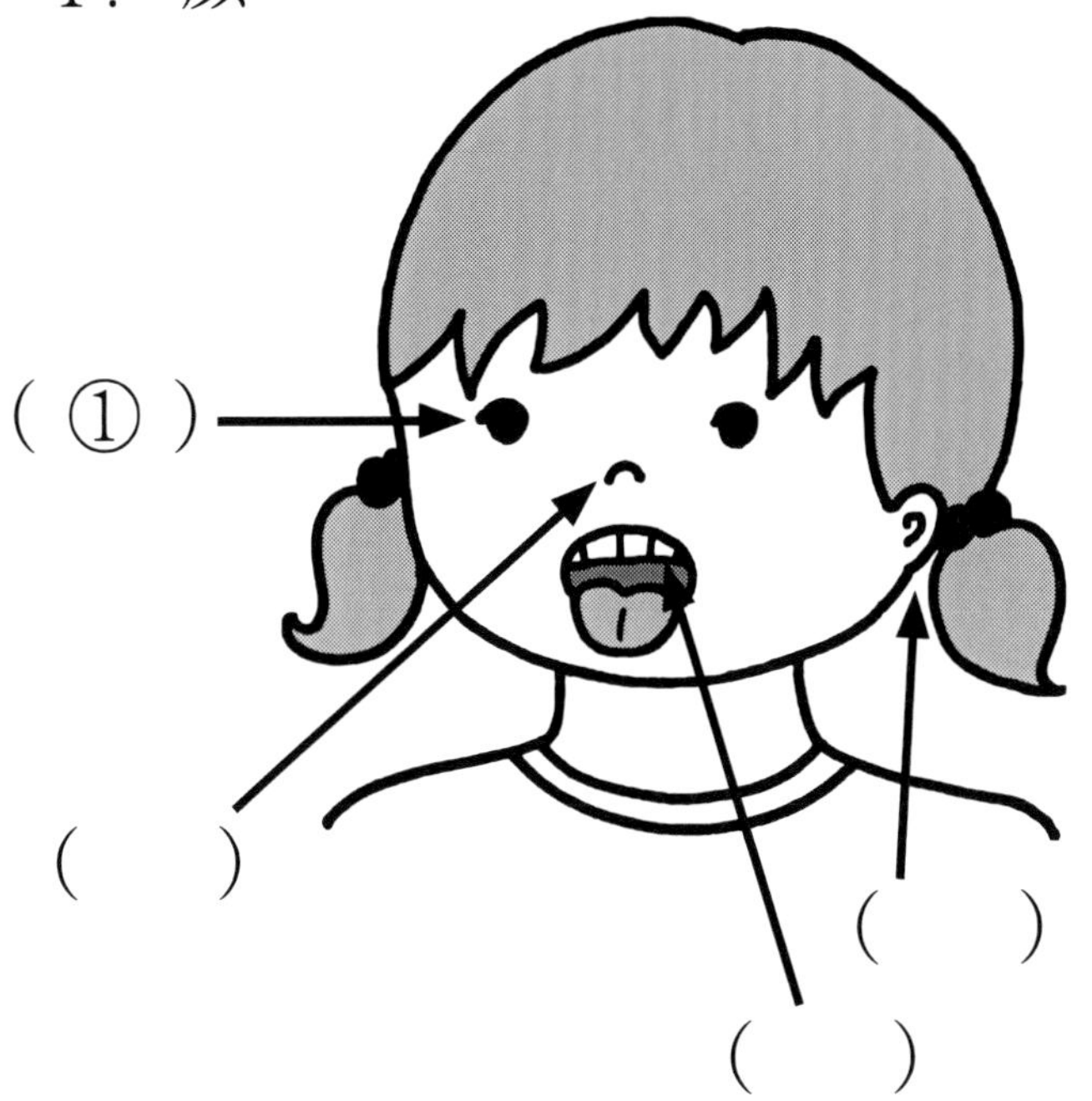

① 目
（め）

② 鼻
（　　）

③ 耳
（　　）

④ 歯
（　　）

2．体

① 手
（　　）

② 足
（　　）

③ 指
（　　）

④ 首
（　　）

⑤ 頭
（　　）

二課

自然

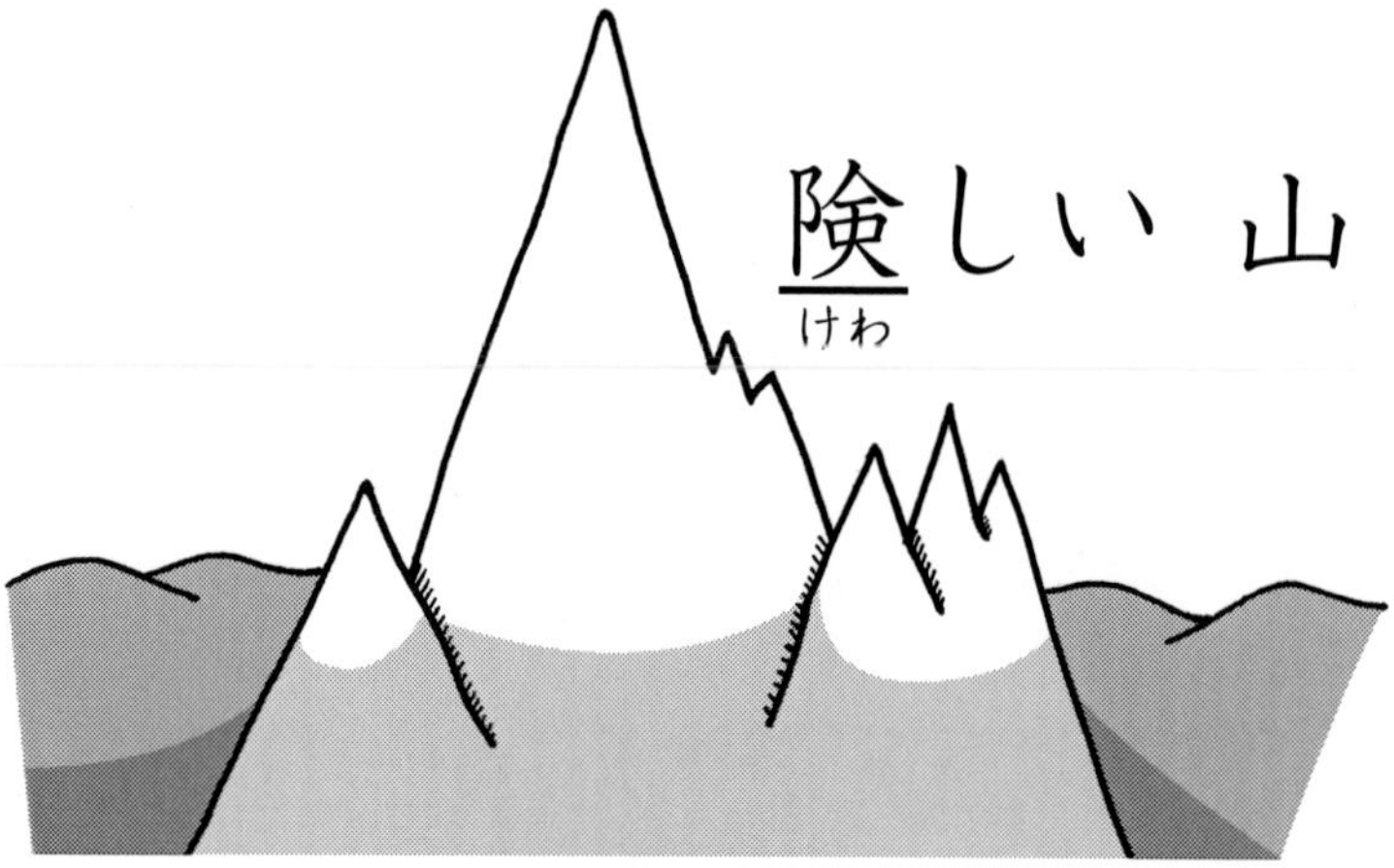

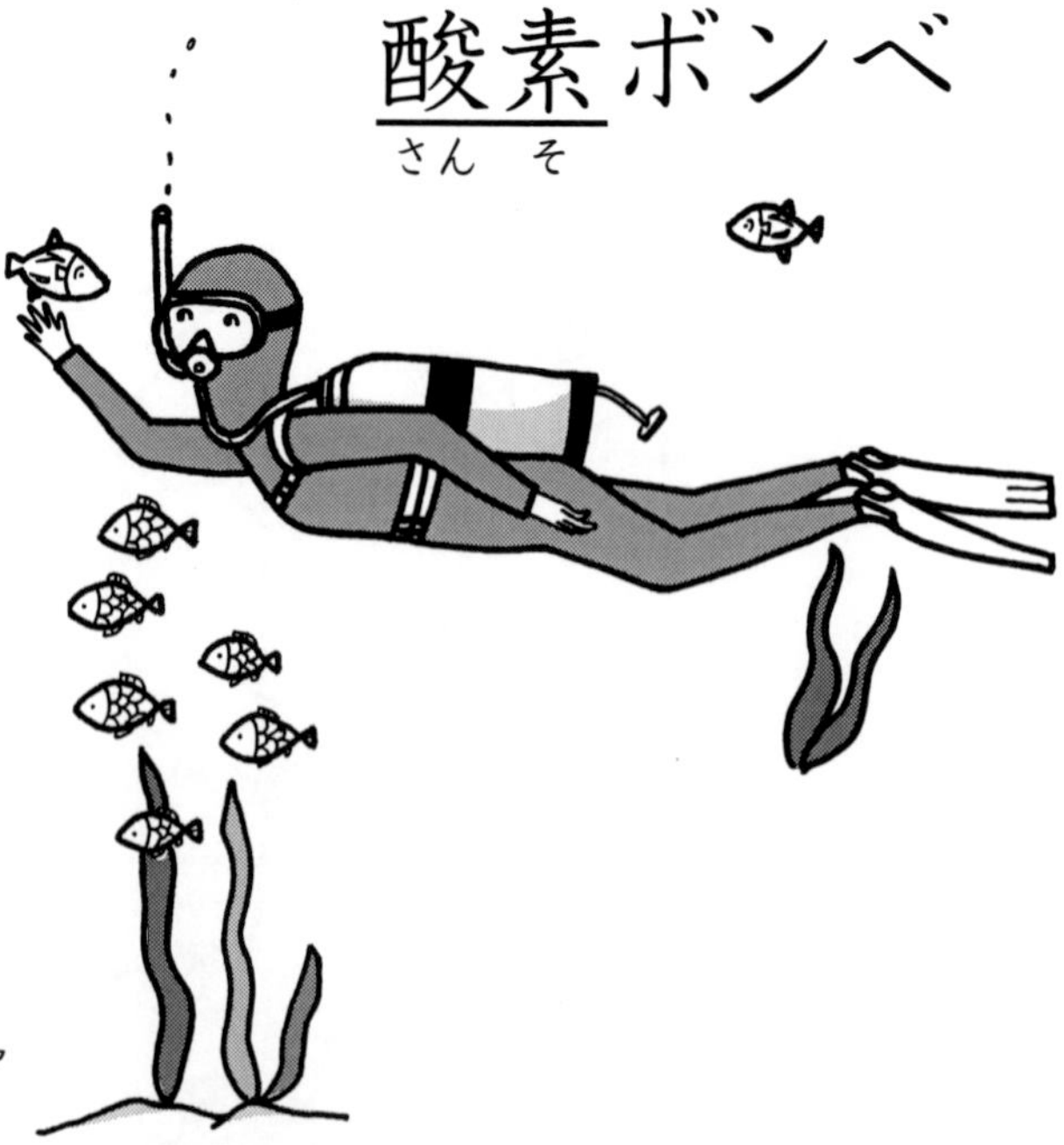

晴れ
快《かい》晴《せい》
桜《さくら》
高《こう》気《き》圧《あつ》
天《てん》気《き》予《よ》報《ほう》
高
低
枝《えだ》
幹《みき》
肥《ひ》料《りょう》
殺《ころ》す

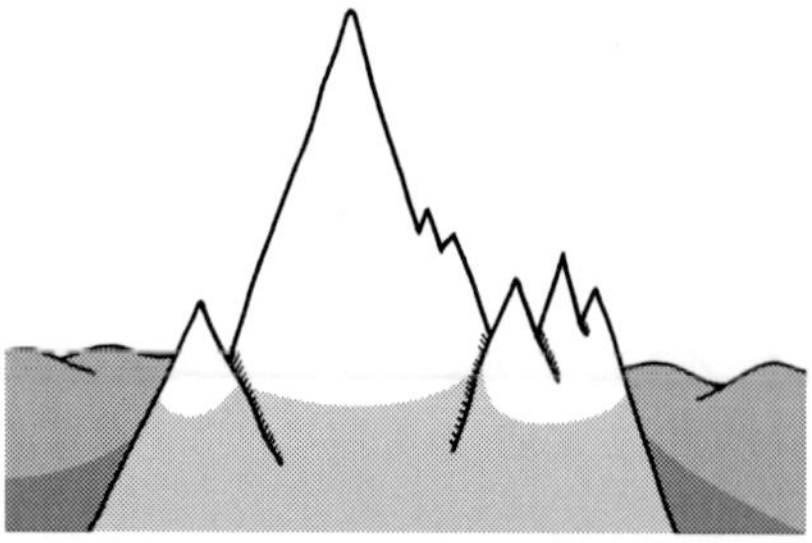

・　　・気　圧

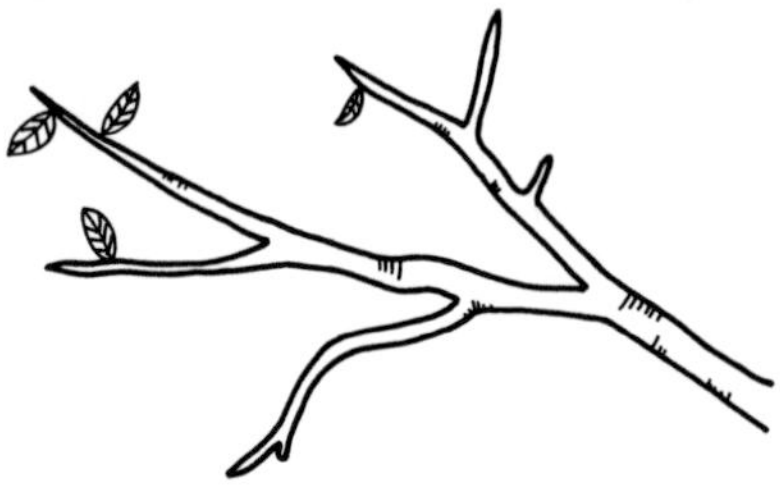

・　　・酸素ボンベ

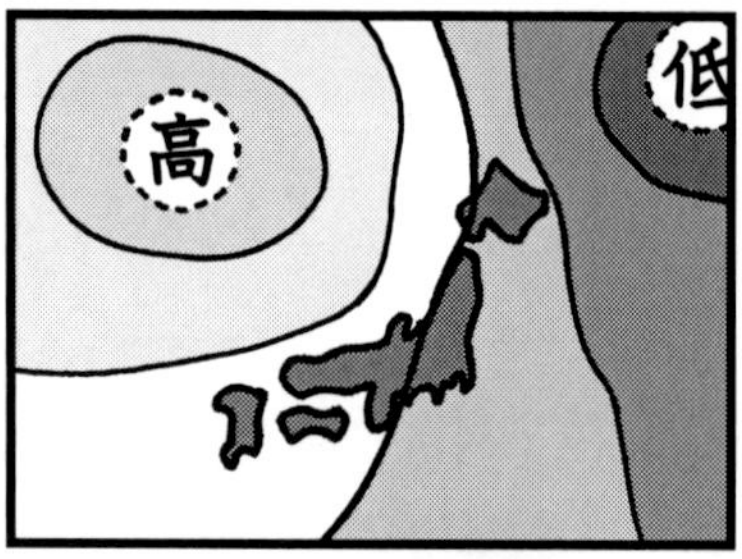

・　　・険しい

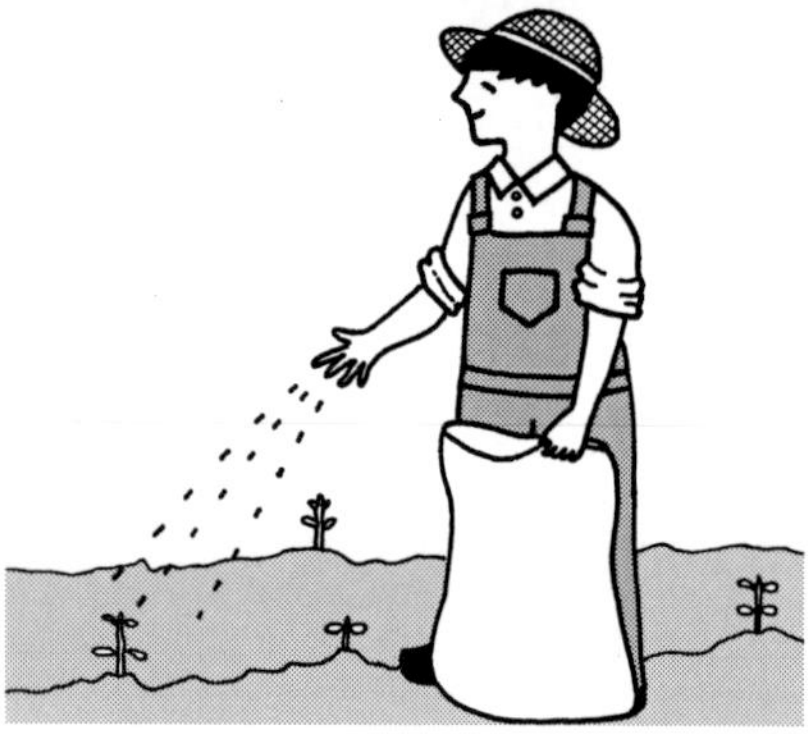

・　　・殺　す

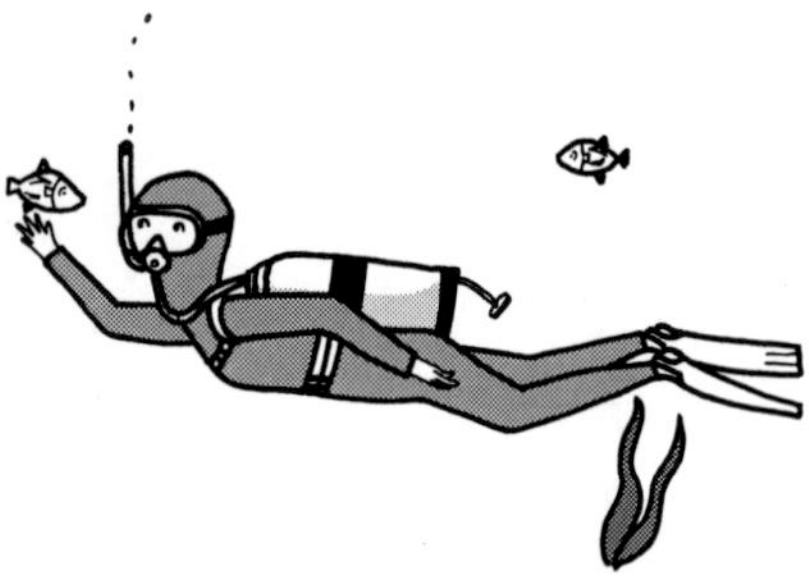

・　　・枝

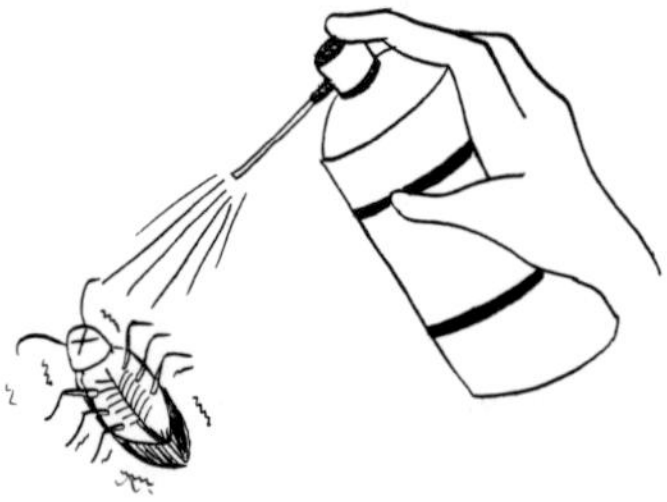

・　　・肥　料

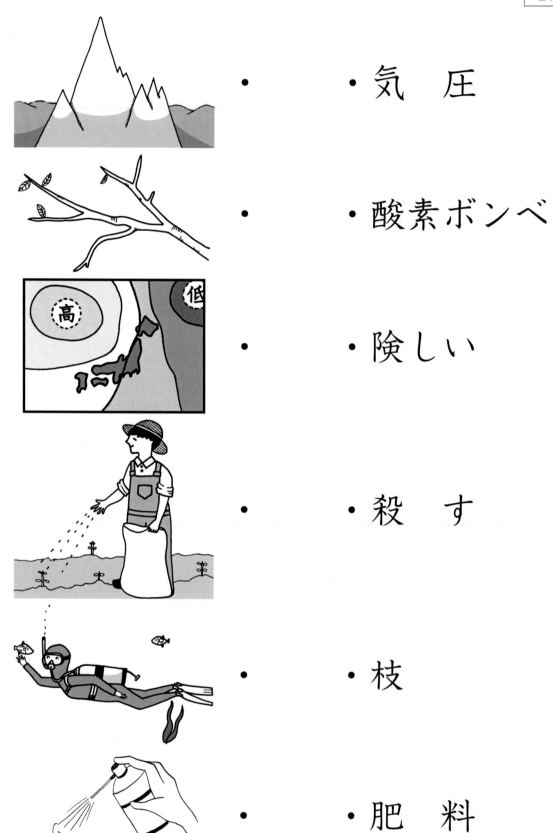

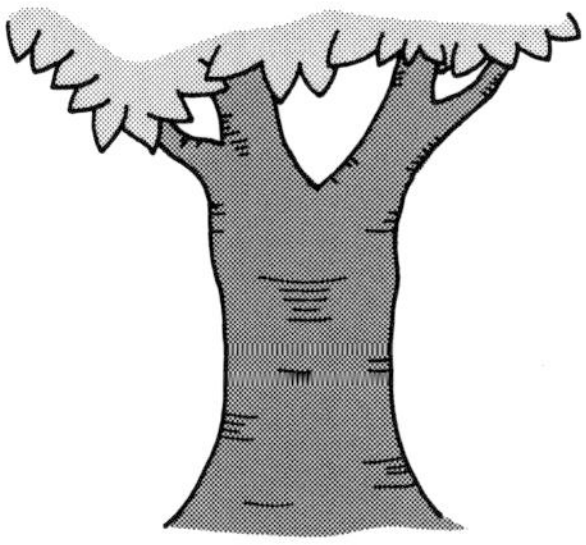

・　・河　口

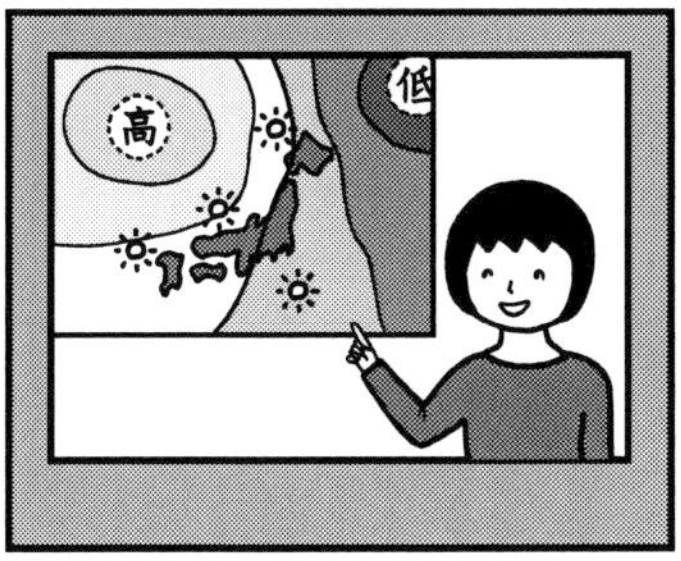

・　・幹

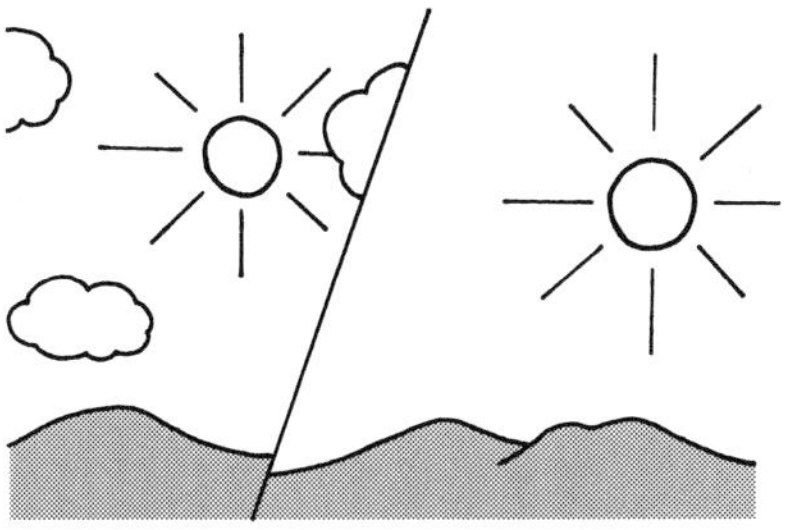

・　・毒へび

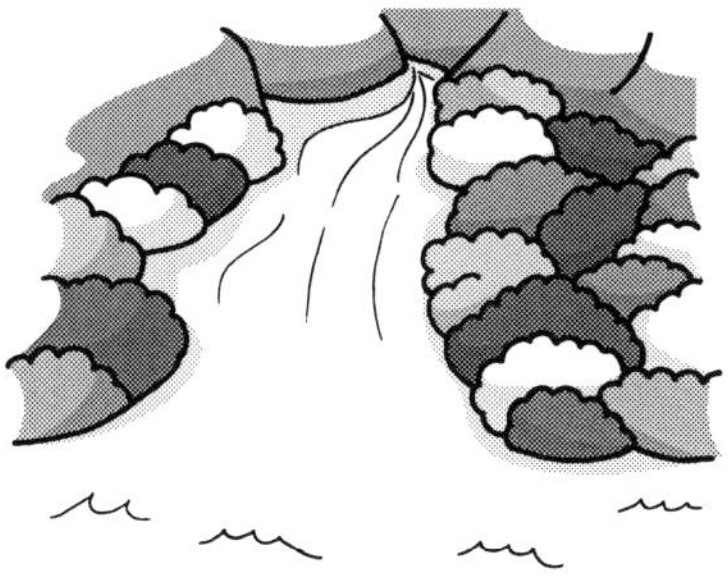

・　・天気予報

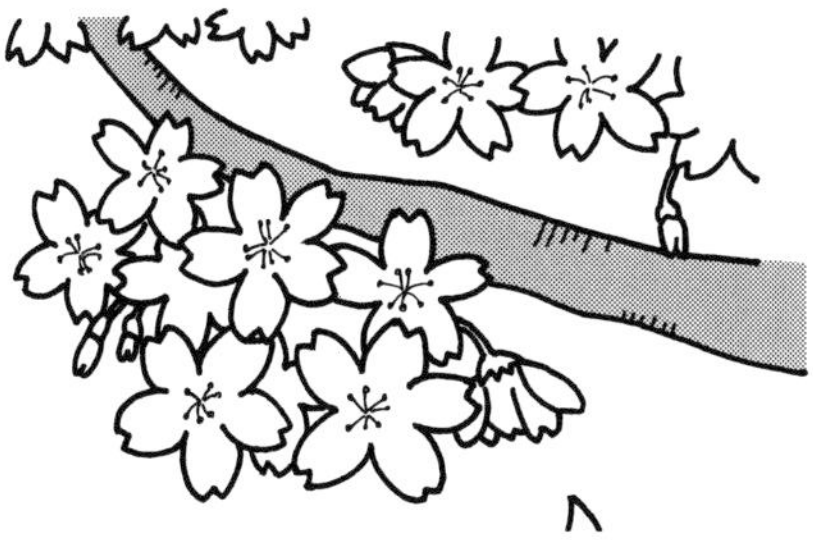

・　・桜

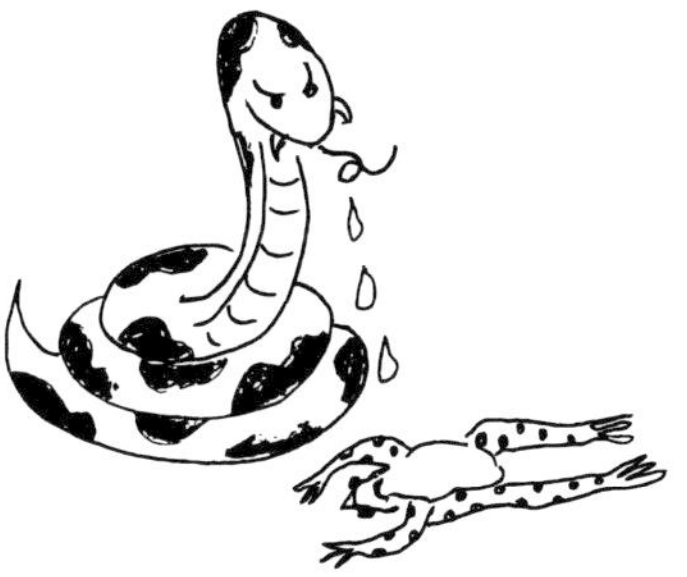

・　・快　晴

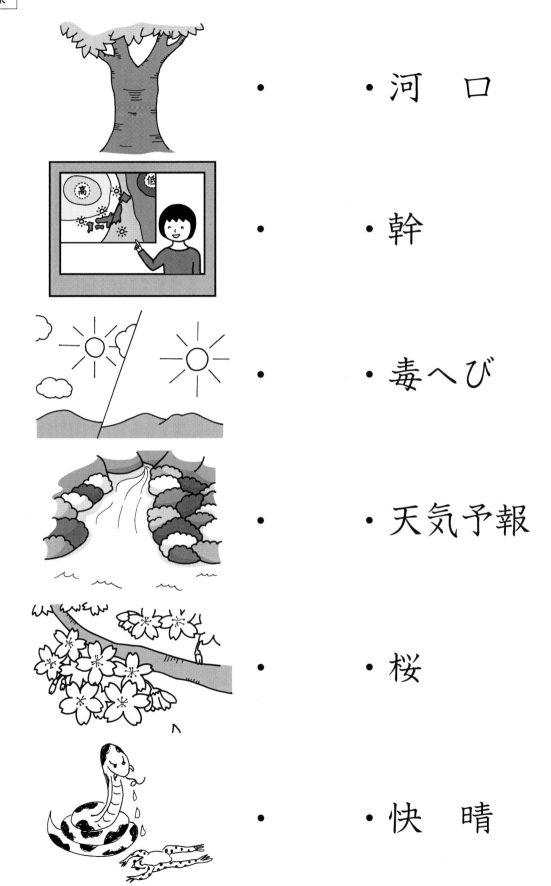

【読み練習】

1. 河口は、 川が海や 湖に 流れこむ所です。
2. この桜は、 肥料がいいので 幹も 枝も太い。
3. 険しい 坂道を 走ったので、 息が 苦しい。
4. 天気予報で 「あしたは快晴だ。」と、 言っていた。
5. 気圧の 高いときは、 天気がいいんだよ。
6. 生き物は、 酸素がないと、 生きられません。
7. 毒へびに 気をつけて。 かまれると 命を落とすことも あるんだよ。
8. きれいな花が さきました。 害虫がたくさんいたので、 殺しました。

- 口《くち》　河口《コウ》
- 所《ところ》　住所《ショ》
- 苦《にが》い　苦《くる》しい
- 晴《は》れ　快晴《セイ》
- 生《セイ》　生《う》まれる　たん生《ジョウ》　生《い》きる

クイズ（二）　三月の天気

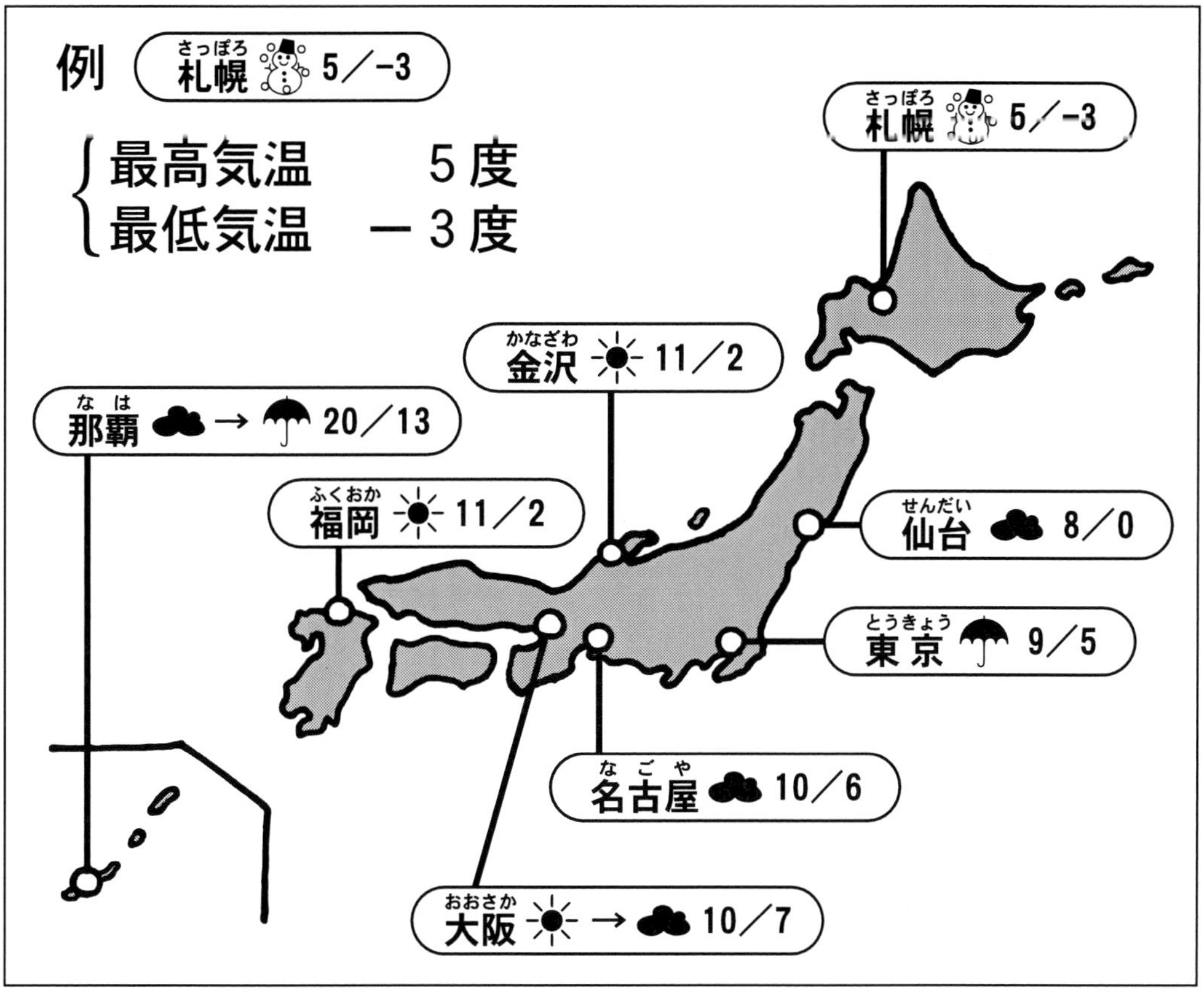

（　　）に　漢字の読み方を書いてください。

あしたの天気予報です。札幌《さっぽろ》の天気は雪、仙台《せんだい》は
①（　　　　　　　）　　　　　　②（　　）

曇《くも》り、東京《とうきょう》は雨でしょう。大阪《おおさか》は、午前中は
③（　　）　　　　④（　　　　　）

晴れ、　昼前から曇《くも》るでしょう。
⑤（　　）⑥（　　　　）

福岡《ふくおか》と金沢《かなざわ》は快晴です。名古屋《なごや》の予想《よそう》最高気温は
⑦（　　　）　　　　⑧（　　　　）

１０度、最低気温は６度です。
⑨（　　　　　）

三課　家族

先生になる　資格《しかく》を取る

私の 夢《ゆめ》

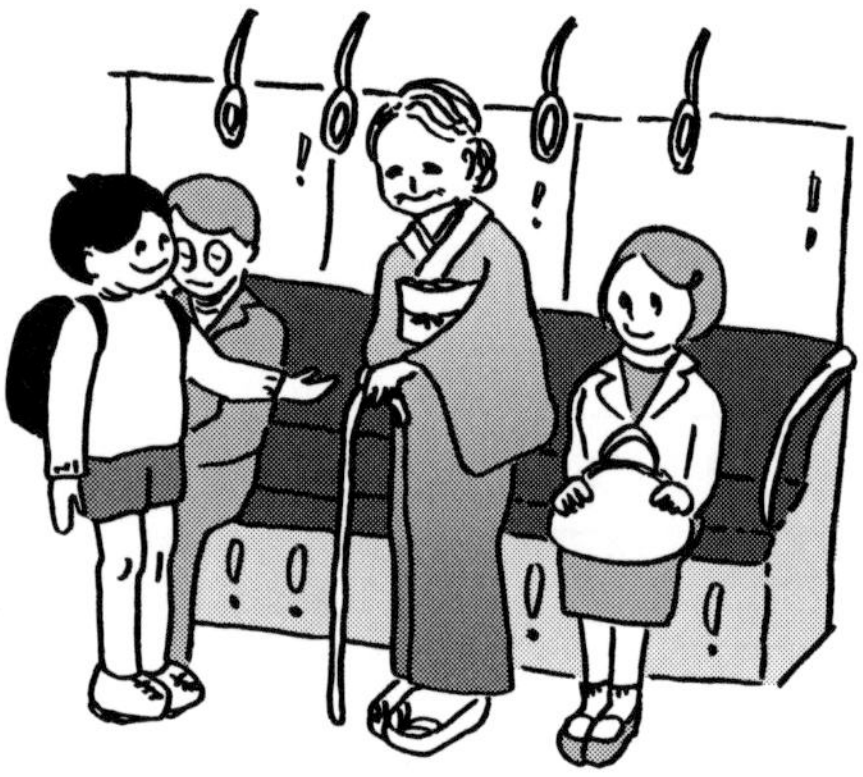

お年寄《としよ》りに 席を ゆずる

祖父《そふ》は いろいろな 経験《けいけん》を している

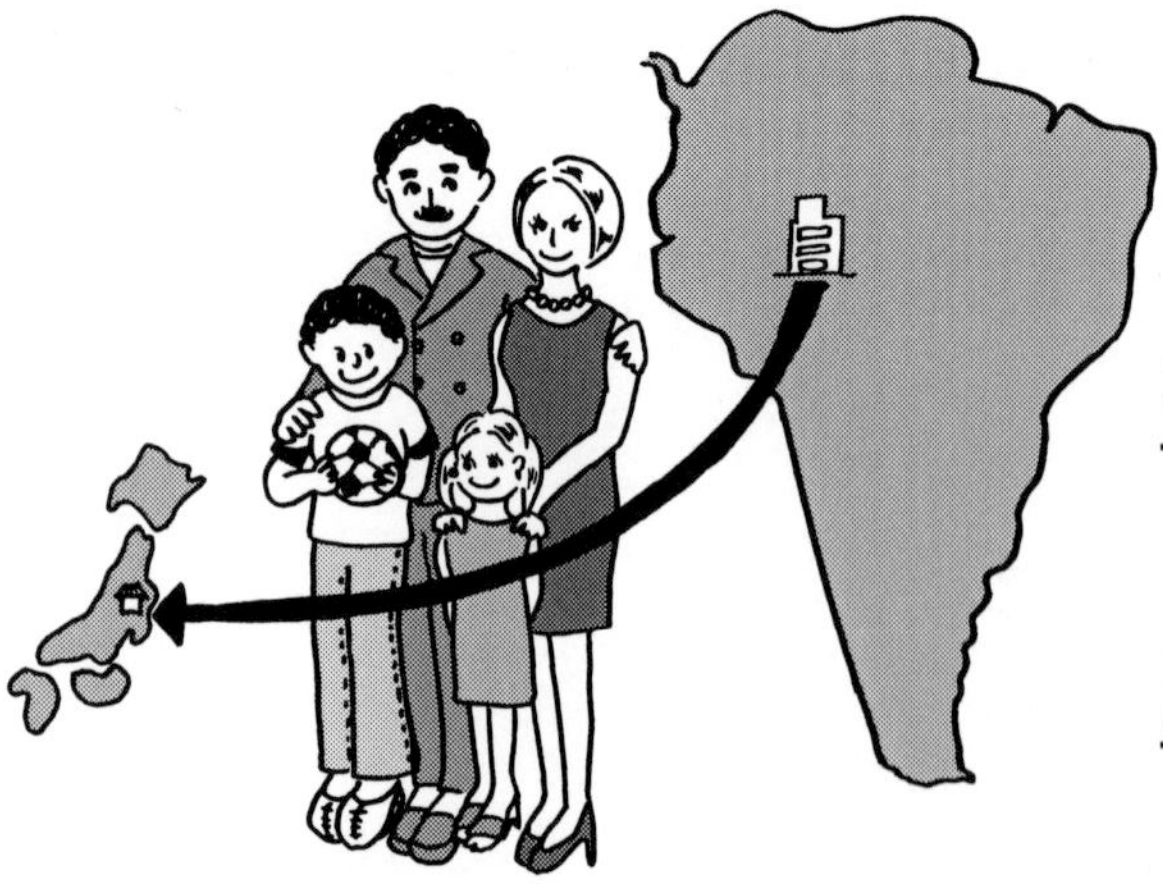

ブラジルから 日本に 移《うつ》って来た

顔が 似《に》ている

夫婦《ふうふ》

妻《つま》

居間《いま》に 集まる

犬を 飼《か》う

財産《ざいさん》

お墓《はか》まいり

体と 精神《せいしん》を きたえる

・移って来た

・財　産

・いろいろな経験

・妻

・お年寄りに席をゆずる

・精神をきたえる

・お墓まいりをする

・　　・居　間

・　　・夢を見る

・　　・祖　父

・　　・犬を飼う

・　　・似ている

・　　・資格を取る

・　　・夫　婦

【読み練習】

1. 「妻です。」と言って、父は母をみんなにしょうかいしました。
2. 家族は、みんな居間でテレビを見ます。
3. お母さんは小学校の先生の資格があります。
4. 今日は家族みんなでお墓まいりをしました。
5. ぼくも弟も夢はサッカー選手になることです。
6. おじさんとおばさんは、夫婦で旅行に出かけました。
7. 自分の家や土地やお金のことを財産と言うんだよ。
8. 祖父は「体と精神を強くしなさい」と、ぼくに言いました。

父《ちち》　祖父《フ》

時間《カン》　居間《ま》

家《いえ》　家《カ》族

神《ジン》社　精神《シン》

9. お年寄りは、 経験が 豊富《ほうふ》だ。

10. 祖父と 母は 顔も 声も 似ている。

11. サントス君の 家族は 去年 ブラジルから 移って来た。

12. みんな 犬が好きだから、 うちでは 3びきも 飼っている。

年《ネン》
お年《とし》寄り

母《はは》
祖母《ボ》

いろいろな読み方1「行」

行《い》く 学校へ 行く ときは、 大きい声で「いってきます。」と言います。

行《おこな》う 四月一日に入学式を 行います から、 おくれないように来てください。

銀行《ぎんこう》 新しい 銀行 は いつも混《こ》んでいます。

四課 友達

貸して
いいよ
失敗しちゃった

貸《か》す

破《やぶ》る

版《はん》画《が》

友達を 家に 招《まね》く

あけましておめでとう
2004.1.1.
タン
あけましておめでとうございます
今年もどうぞよろしくお願いいたします
平成十六年元旦
賀正
平成16年元旦
今年もよい年になりますように!
田中ゆみ

年《ねん》賀《が》状《じょう》

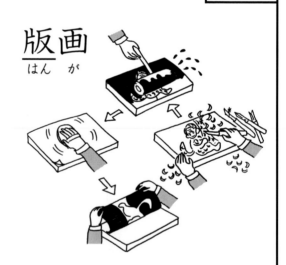

旧友《きゅうゆう》が 再会《さいかい》 する

友情《ゆうじょう》

絶対《ぜったい》に
おくれないで
ください

集団《しゅうだん》

個人《こじん》

(　　　　)

(　　　　)

あけまして
おめでとう
2004.1.1.
タン
あけましておめでとうございます
今年もどうぞよろしくお願いいたします
平成十六年元旦
賀正
平成16年元旦
今年もよい年になりますように
田中ゆみ

(　　　　)

(　　　　)

○昔からの古い友人を(　　　　　)と言います。

○転校した友だちに(　　　　　)しました。

一．版画
二．破る
三．旧友
四．年賀状
五．招く
六．再会

(　　　　)　　(　　　　)

(　　　　)

○友人に本を(　　　　　)約束をしました。

○ぼくたちの(　　　　　)をいつまでも大切にしよう。

一、集団
二、友情
三、貸す
四、個人
五、絶対におくれないで

【読み練習】

1. 運動会の準備《じゅんび》は、 個人でやるより 集団でやった方が 早いし 楽しいよ。
2. おばあさんは、 小学校のときの旧友に会いに、 いなかに 行きました。
3. 三年のとき 転校していった 田中さんに 再会しました。
4. 友達との約束を破ると、 友情が こわれてしまうよ。
5. 友達に 版画の年賀状を もらいました。
6. 弟は 誕《たん》生日に 友達を 八人 招きました。
7. 山田君は わたしに CD《シーディー》を 貸してくれるとき、「絶対 土曜日に 返してね。」と 言いました。

発達《タツ》　友達《だち》　友《とも》達　友《ユウ》情

返《ヘン》事　返《かえ》す

ちょっと一休み ～いろいろな読み方を覚えよう！～

上

上《のぼ》る……坂を上《のぼ》ったら、息が苦しくなった。

上《あ》げる…分かった人は　手を上《あ》げて。

上《あ》がる…温度が上《あ》がって、暑くなった。

上《うえ》……ノートはテーブルの上《うえ》にあるよ。

上《かみ》……川上《かわかみ》はきれいな水が流れている。

上《ジョウ》……台風がたくさん上陸《じょうりく》した。

＊上手《じょうず》…花子ちゃんはピアノが上手《じょうず》です。

＊は特別な読み方です。

下

下《くだ》る……この川を下《くだ》ると、海に出る。

下《さ》げる…手を下《さ》げて。

下《さ》がる…温度が下《さ》がって、寒くなった。

下《した》……下《した》を見て、歩いてはいけませんよ。

下《しも》……川下《かわしも》になると、川が広くなる。

下《ゲ》……下校《げこう》時間は三時半です。

下《カ》……地下鉄《ちかてつ》に乗って、美術館へ行った。

＊下手《へた》…私は歌が下手《へた》です。

五課 社会(一)

暴《ぼう》力

事《じ》件《けん》が 起きる

賛《さん》成《せい》

子どもを 守るのは 親の 責《せき》任《にん》

犯罪《はんざい》を 防止《ぼうし》する

どろぼうは 犯罪《はんざい》です

良いことと 悪いことを 判断《はんだん》する

許可《きょか》する

いいですよ
ここに自転車を止めてもいいですか

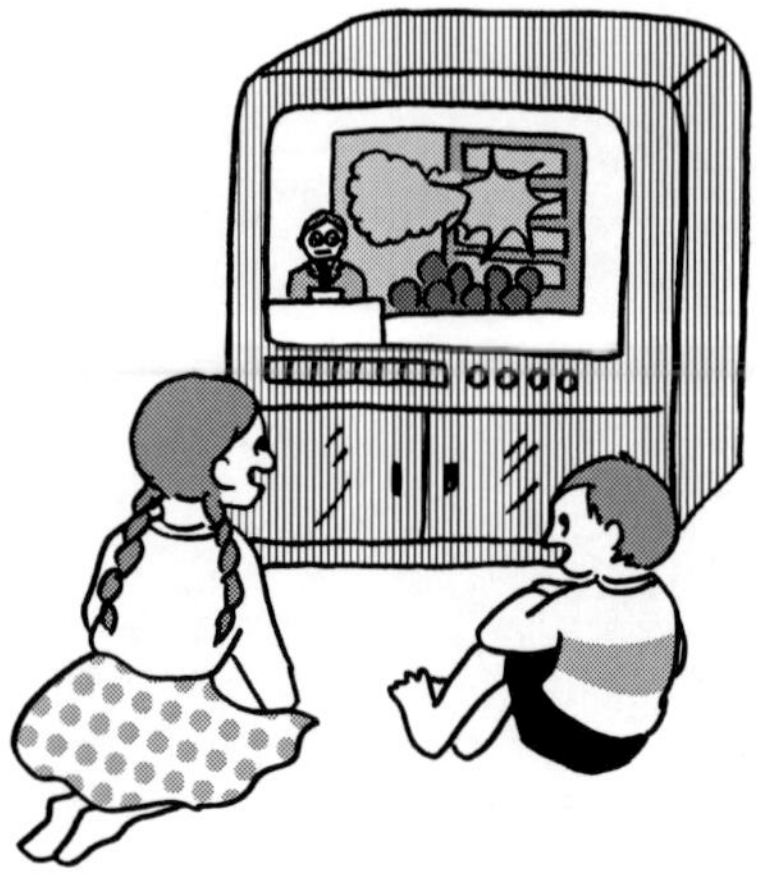

•　　・防　止

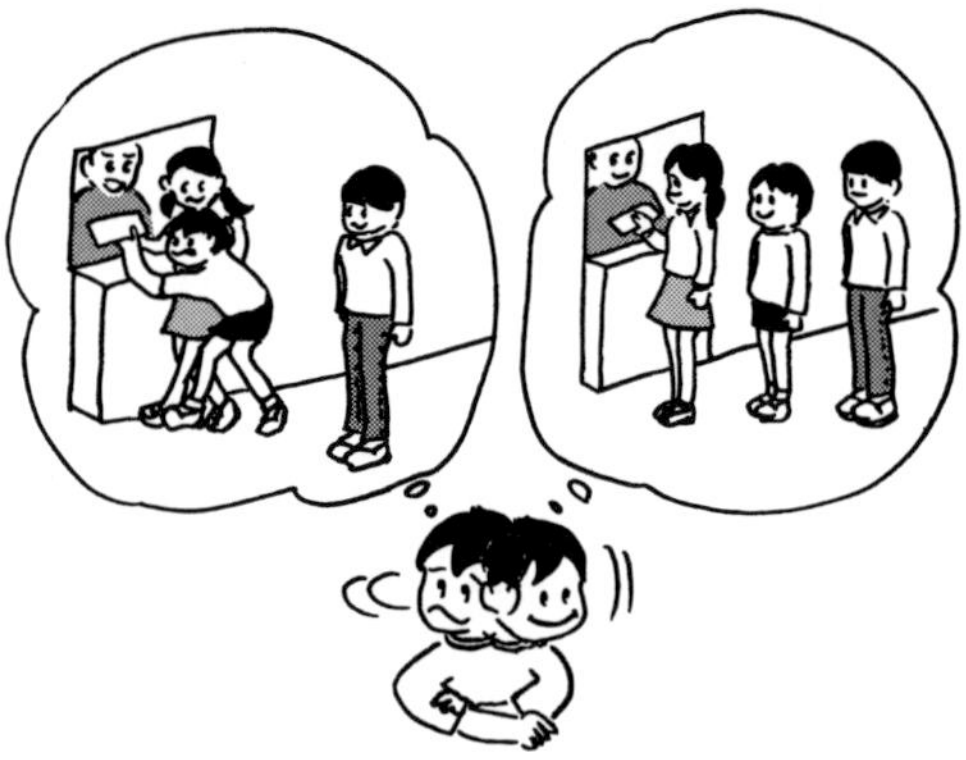

•　　・許　可

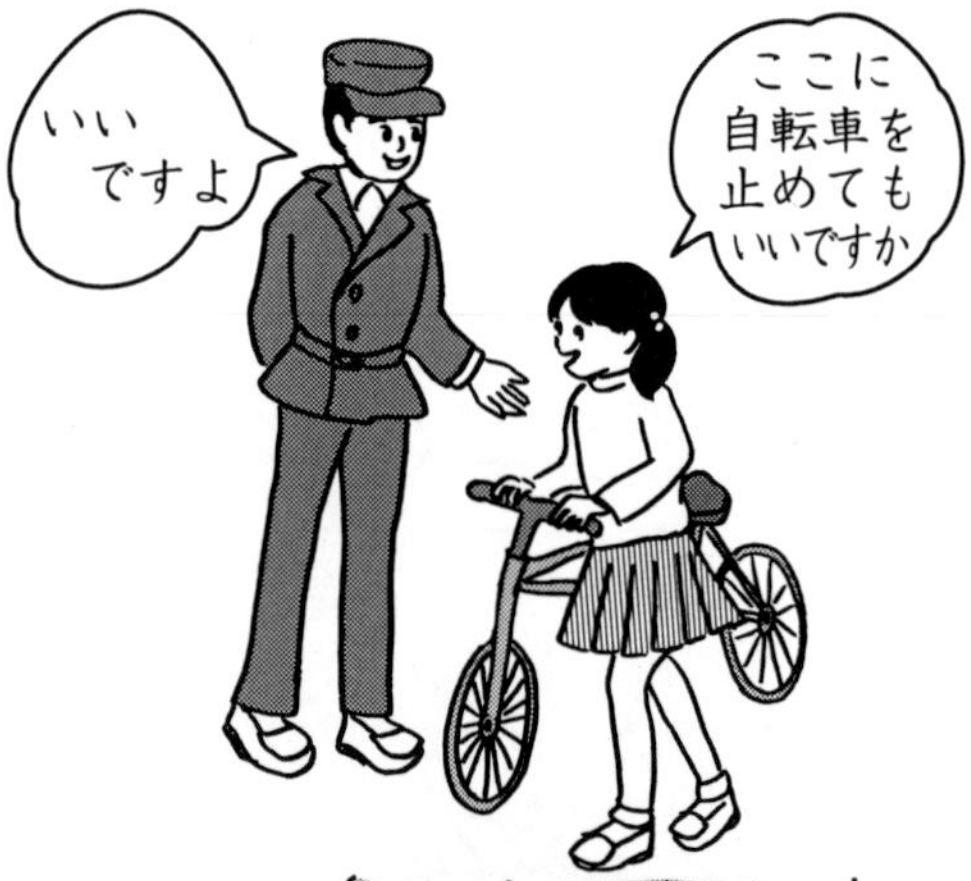
いい
ですよ
ここに
自転車を
止めても
いいですか

•　　・判　断

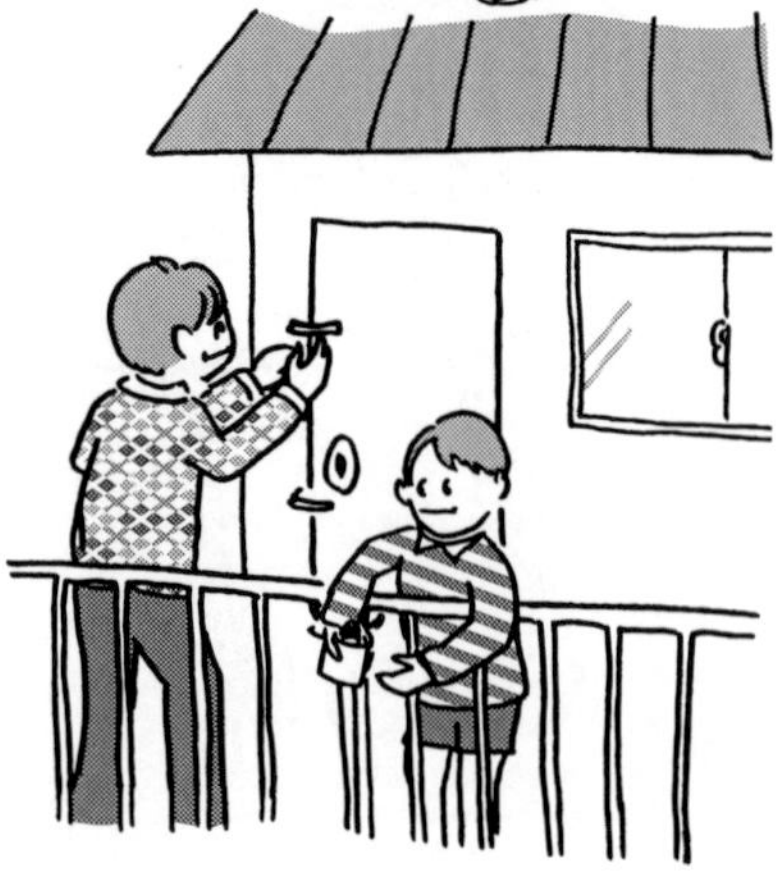

•　　・事　件

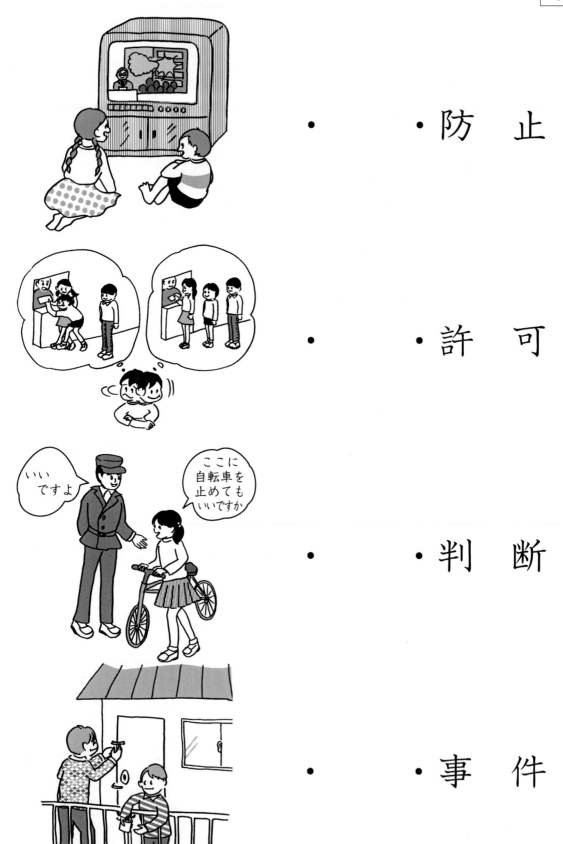

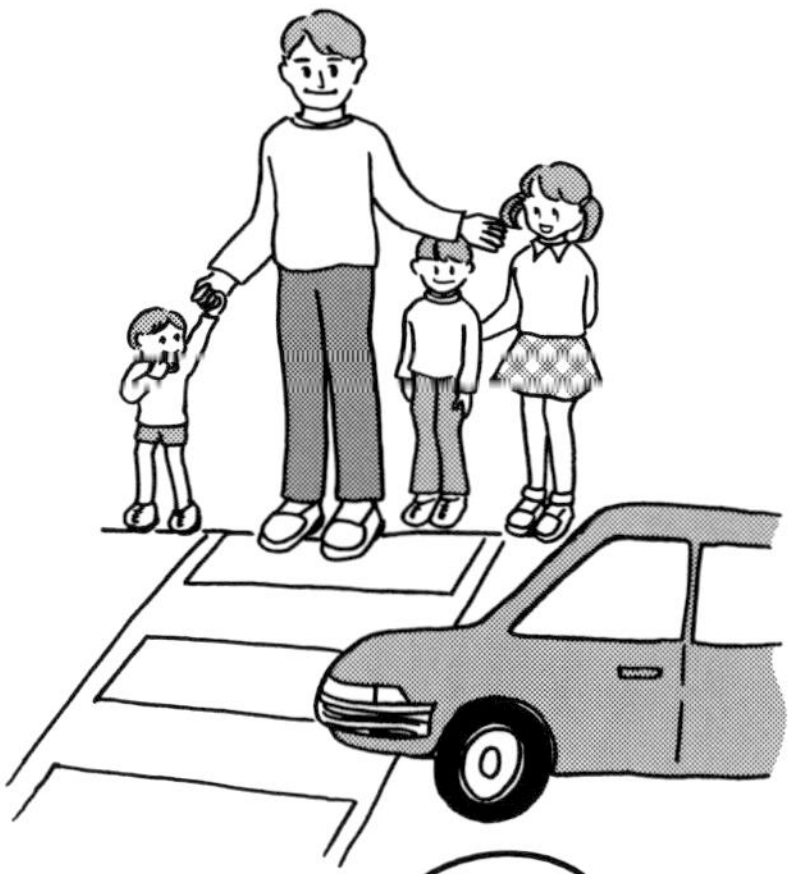

・　　・賛　成

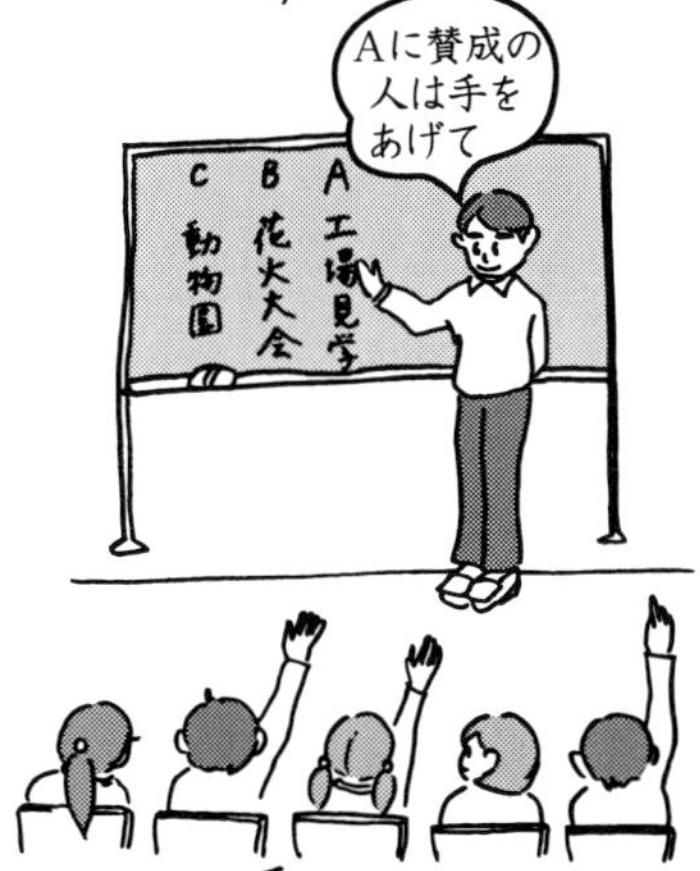

・　　・暴　力

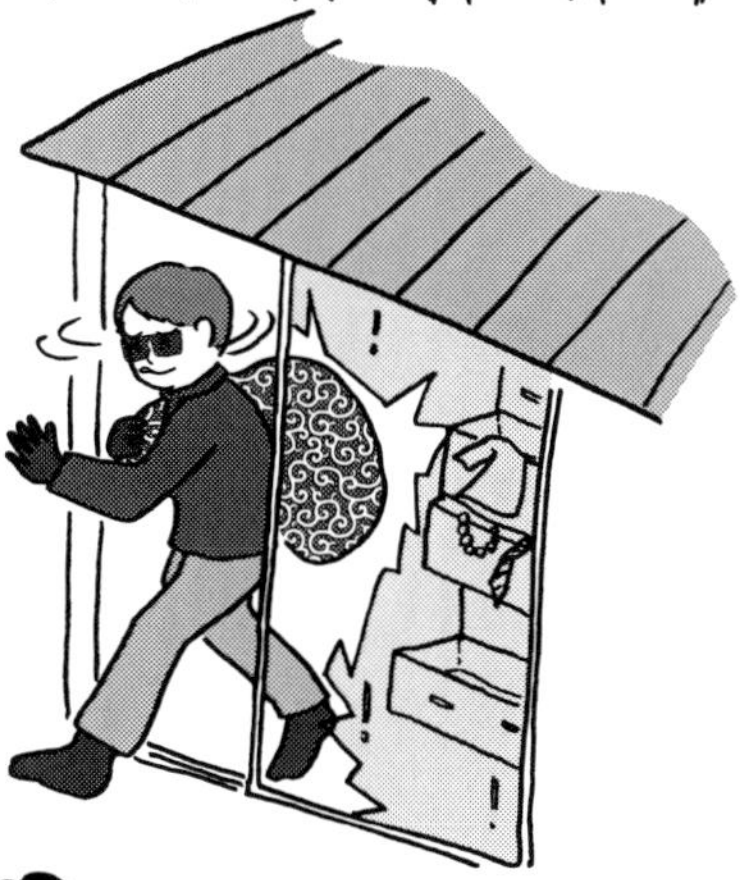

・　　・親の責任

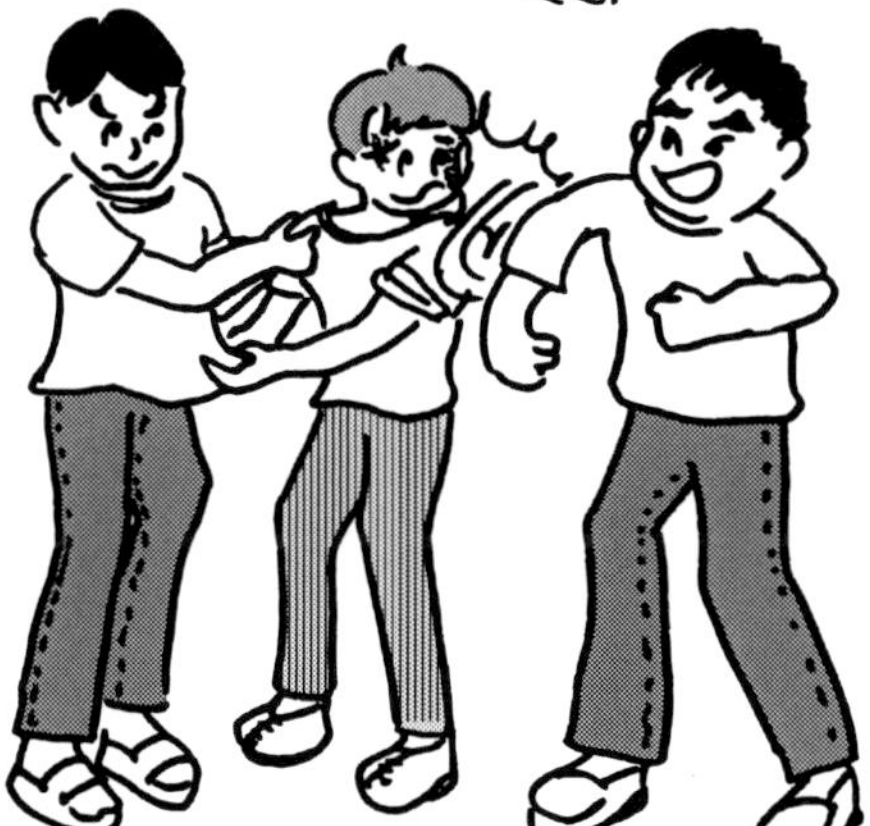

・　　・犯　罪

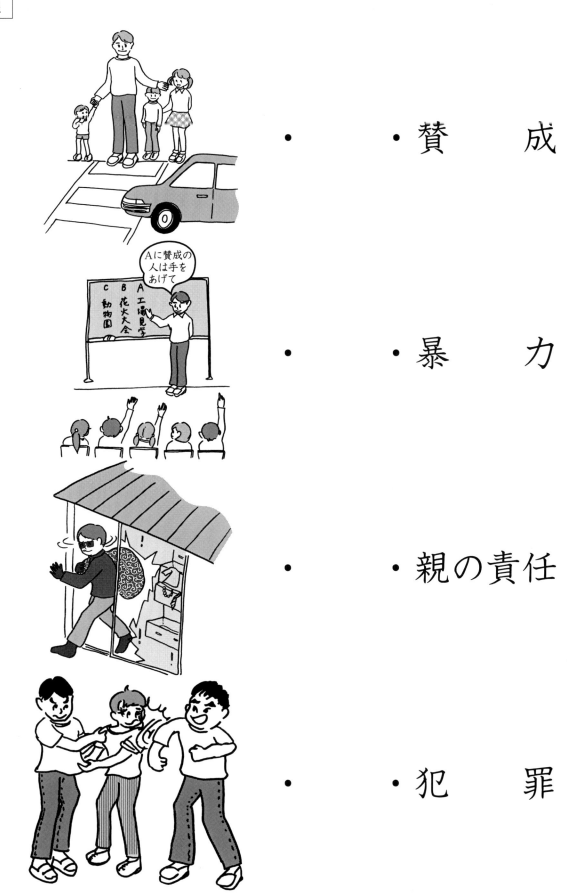

【読み練習】

1. このごろ、犯罪が 増《ふ》えました。防止するために、町内で 夜 見回りをしています。

2. ここに 自転車を止める許可を もらいました。

3. 総《そう》理大臣は 国の方針《しん》を 決める 責任が あります。

4. けんかや暴力は いけません。話し合いで 解《かい》決しましょう。

5. 先週、子どもを 連れていかれる 事件が 起きました。

6. 良いことと 悪いことを 判断できることが 大切です。

7. 重要な 問題は、賛成か 反対か、議員の 投票で 決めます。

町《まち》　町《チョウ》内

内《うち》　町内《ナイ》

決《き》める　解決《ケツ》

クイズ（三） 手紙を 読みましょう。

こんにちは。

桜が散《ち》って わか葉《ば》が 出てきました。

この間《あいだ》は お花見に 連れて行ってくれて ありがとうございました。

桜は初めてでしたが、とてもきれいでした。桜の木の下で食べたおべんとうもおいしくて、いい思い出になりました。

ブラジルにいる祖父や祖母に 見せてあげたかったです。みんなでとった写真ができましたので、お送りします。みんな楽しそうな顔を していますね。

夏休みには 絶対 泳ぎに来てください。父も母も 楽しみに 待っています。

体に気をつけてください。いろいろありがとうございました。

四月十日

加山順子

塩田清一様

六課 社会(二)

条約《じょうやく》を 結ぶ

政府《せいふ》

国会議事堂《こくかいぎじどう》

金属《きんぞく》

国際会議《こくさいかいぎ》

銅《どう》メダル

鉱物《こうぶつ》を ほる

雨が ふらなくて
損害《そんがい》が 出た
税金《ぜいきん》は 10%
1100
利益《りえき》
貯金《ちょきん》する
教育
納税《のうぜい》
税務署《しょ》
国民の
義務《ぎむ》
きん労

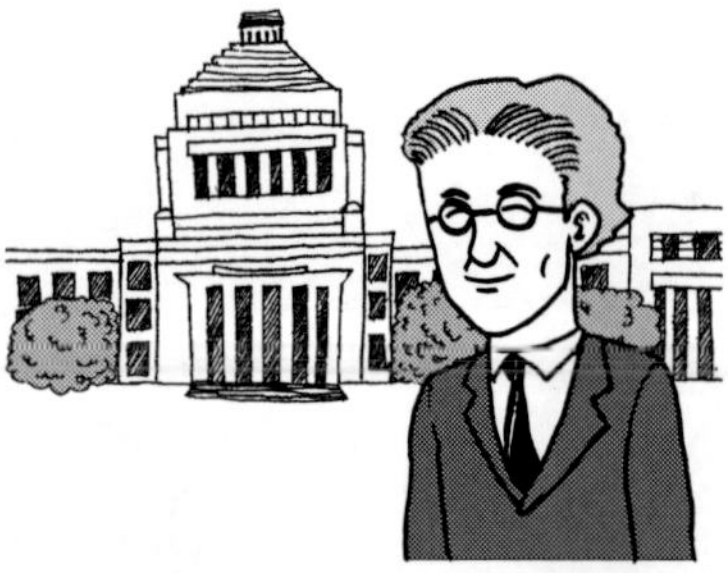

・ ・税　金

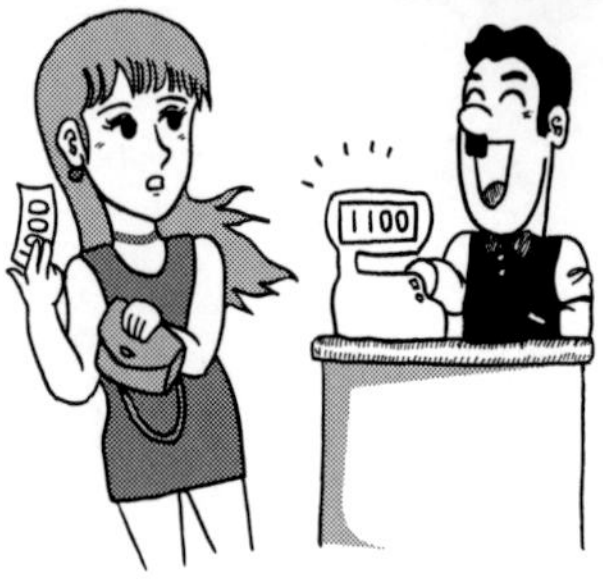

・ ・損　害

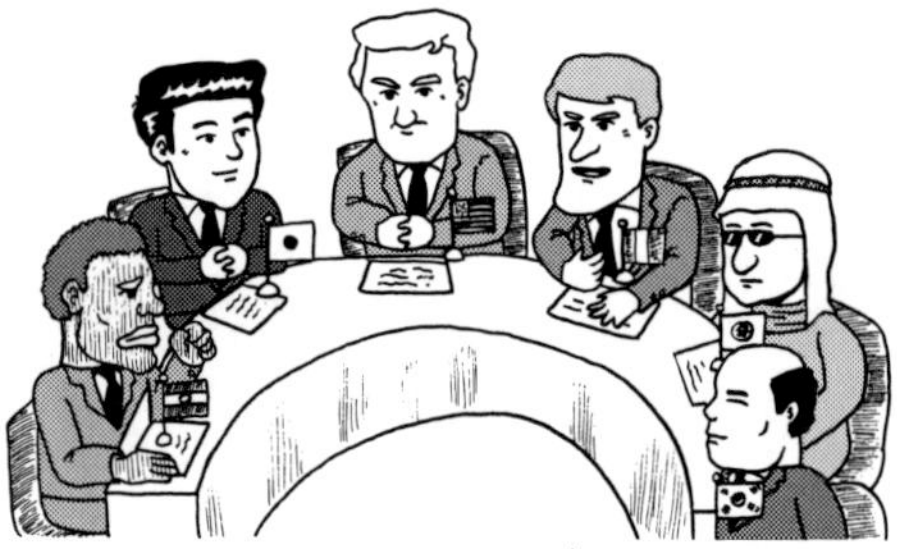

・ ・国民の義務

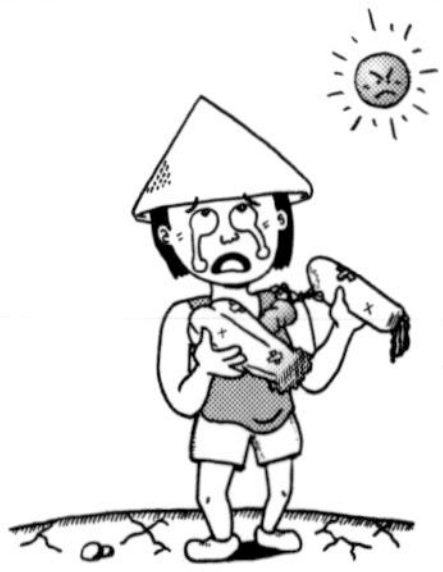

・ ・国会議事堂

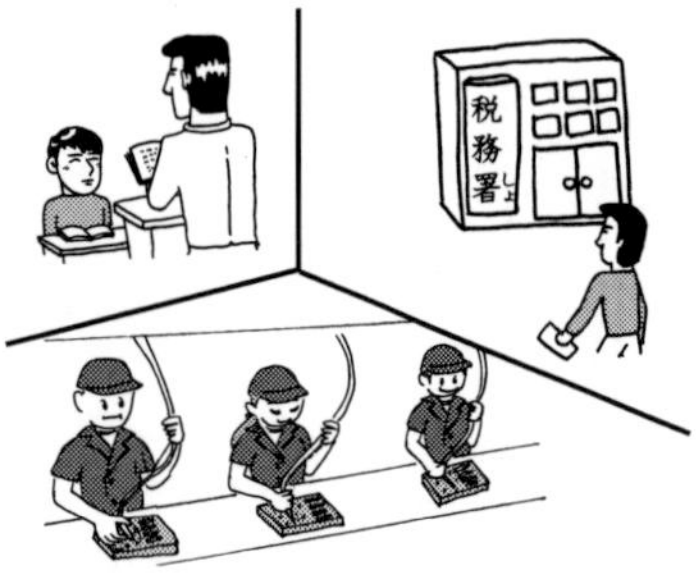

・ ・政　府

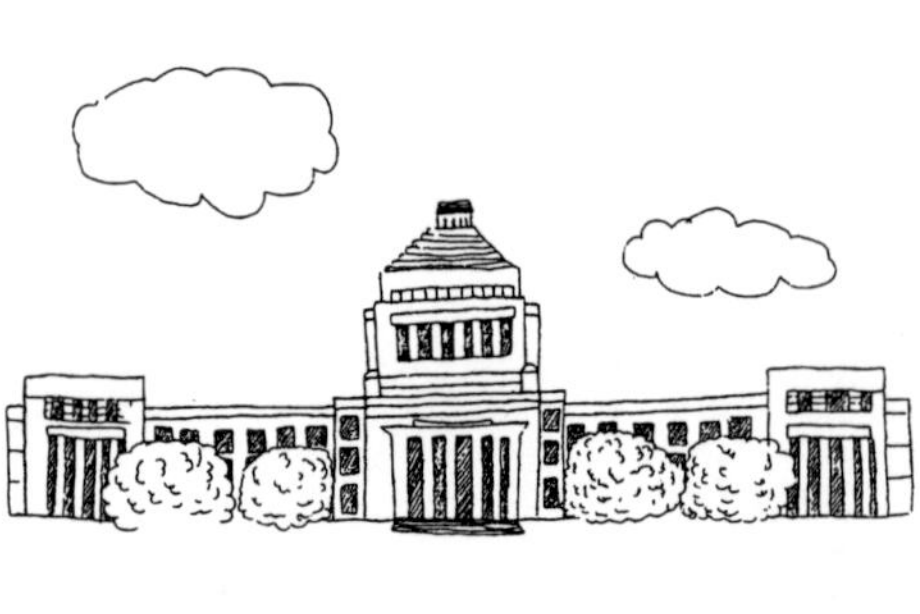

・ ・国際会議

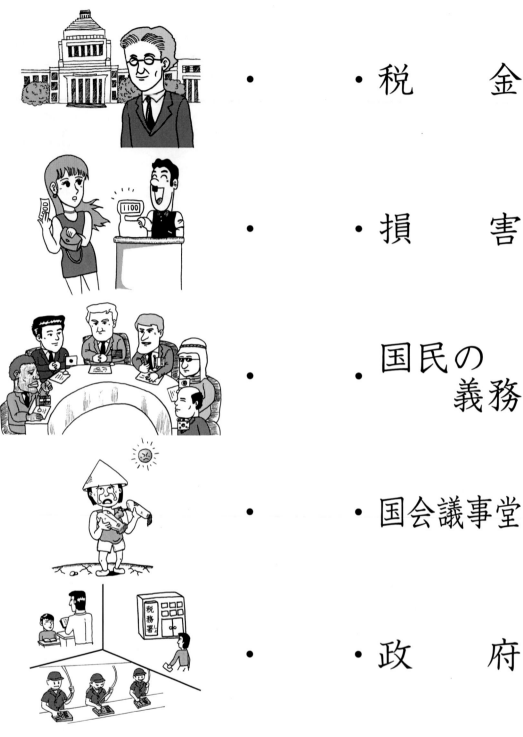

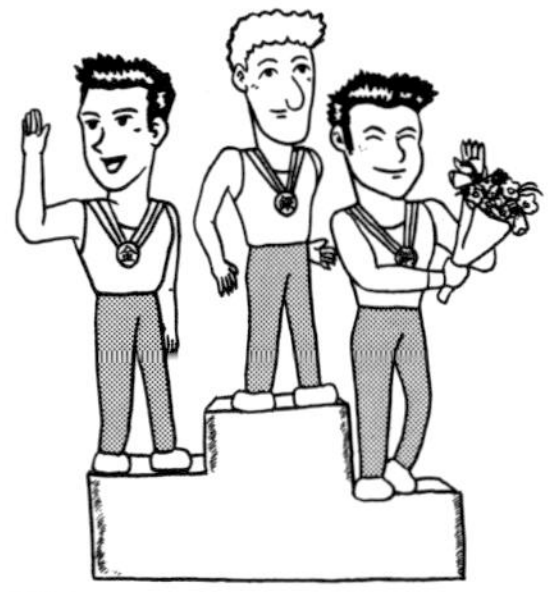

・　　・鉱　山

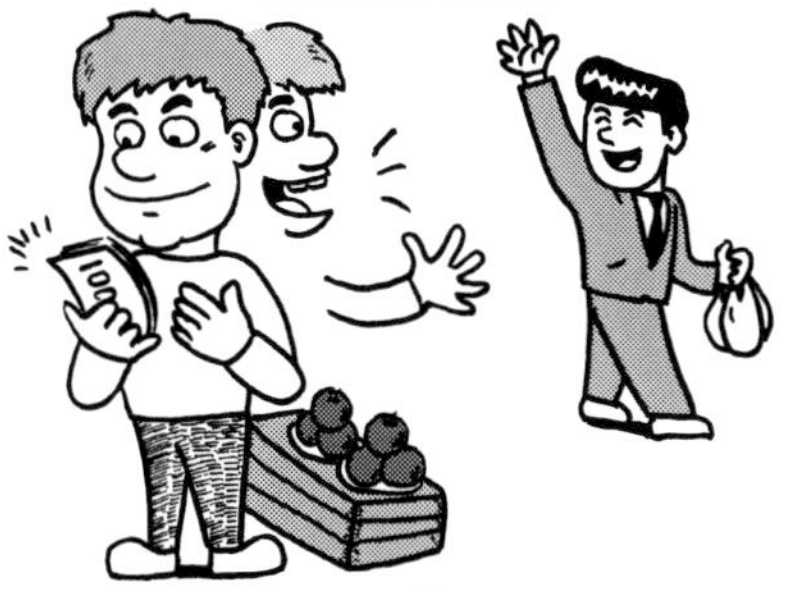

・　　・貯金する

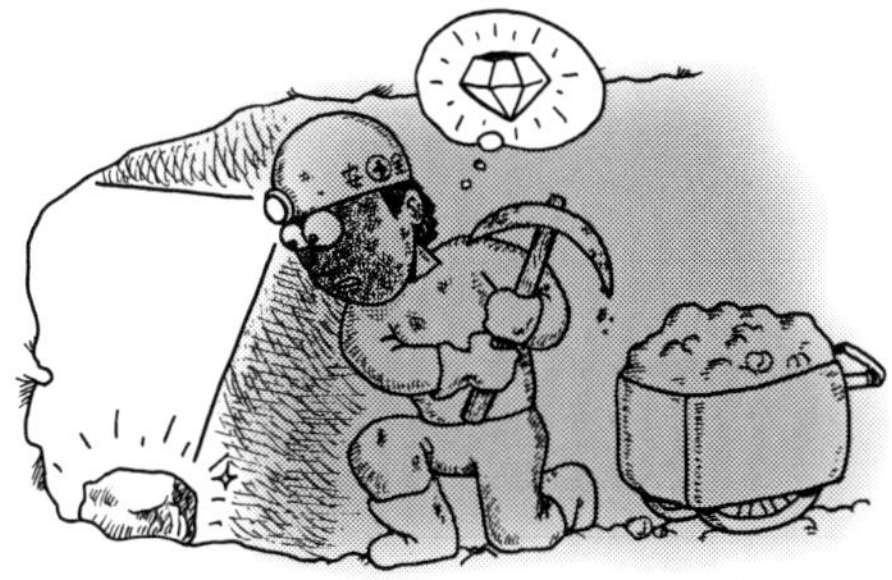

・　　・金　属

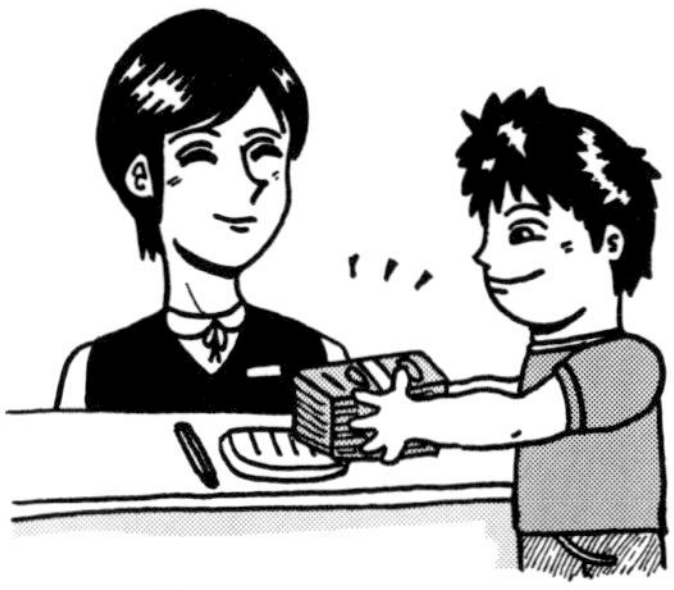

・　　・銅メダル

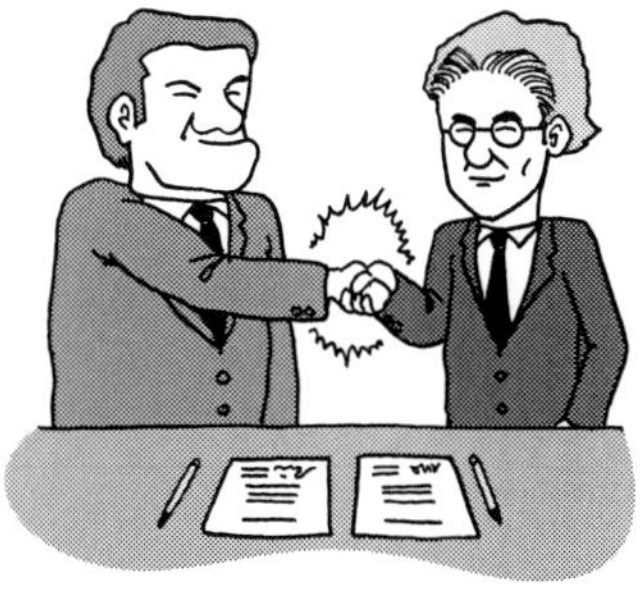

・　　・利　益

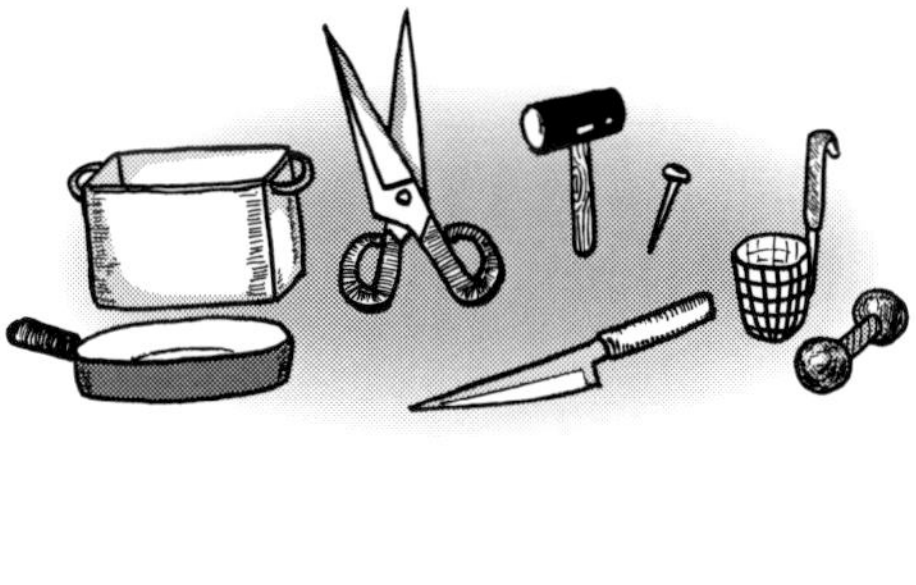

・　　・条　約

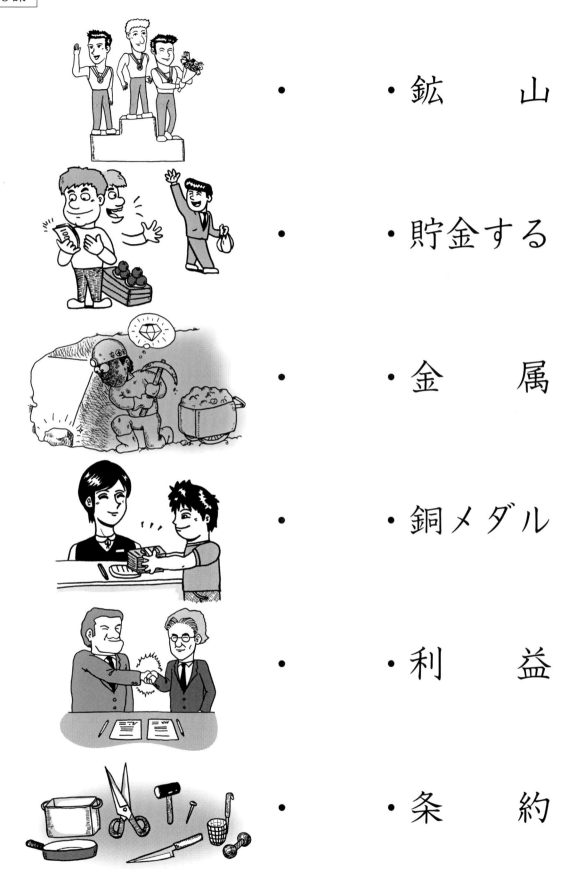

【読み練習】

1．東京は、政府の役所がある　国際都市です。

2．国会議事堂は、東京にあります。

3．国会で　国の大切なことを　決めます。

二つの国の間で決めた約束を　条約といいます。

4．台風で、農家は　野菜やくだ物など　大きい損害を

受けた。

5．昨年、この会社は　利益がたくさん出ました。

6．未来のために、できるだけ　貯金します。

7．鉄や銅は金属です。　鉱山で　ほります。

8．国民は、税金をはらう義務が　あります。

時間《カン》　居間《マ》　間《あいだ》

台《ダイ》　台風《タイ》

風《かぜ》　台風《フウ》

山《やま》　鉱山《ザン》

クイズ（四）

例のように　読み方を　（　　　）の中に書きましょう。

例

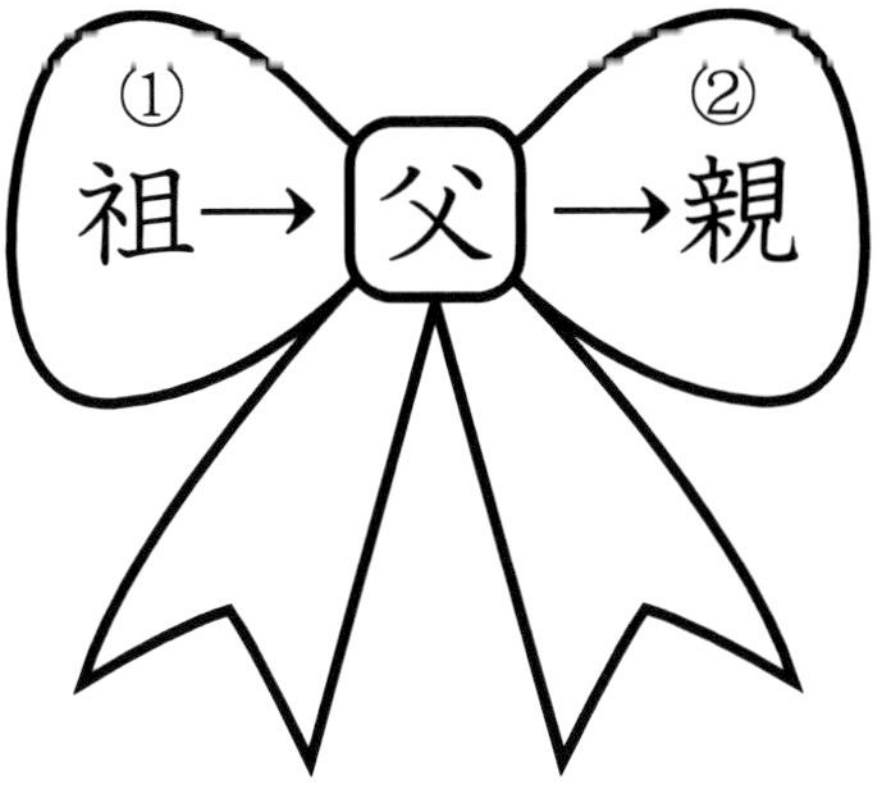

①（そ　ふ）②（ちちおや）

1

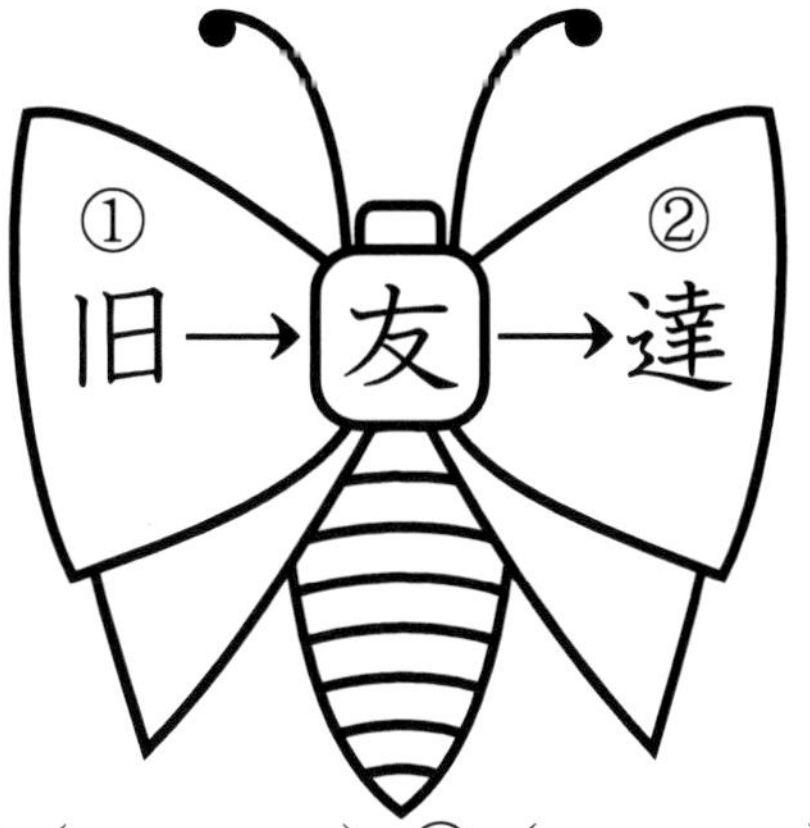

①（　　　　）②（　　　　）

2.

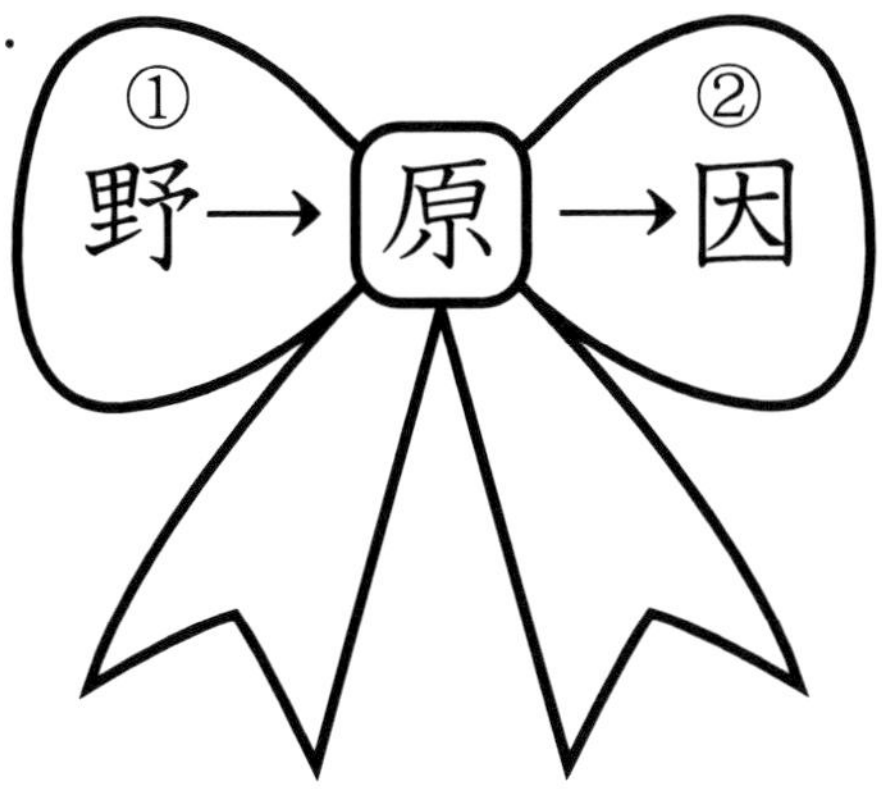

①（　　　　）②（　　　　）

3.

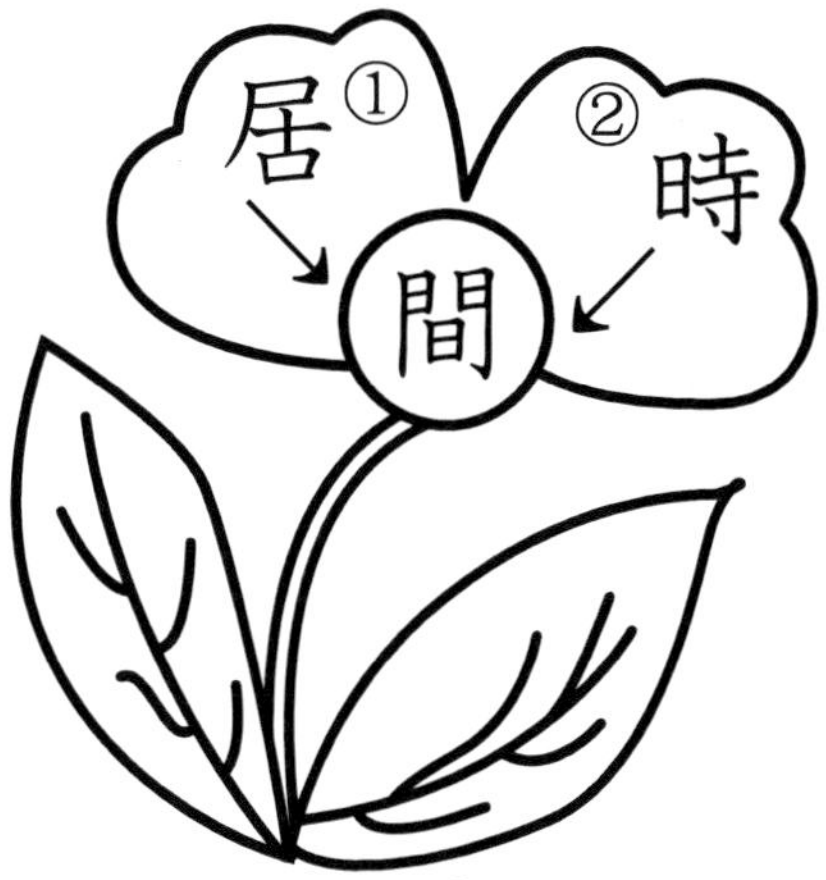

①（　　　　）②（　　　　）

4.

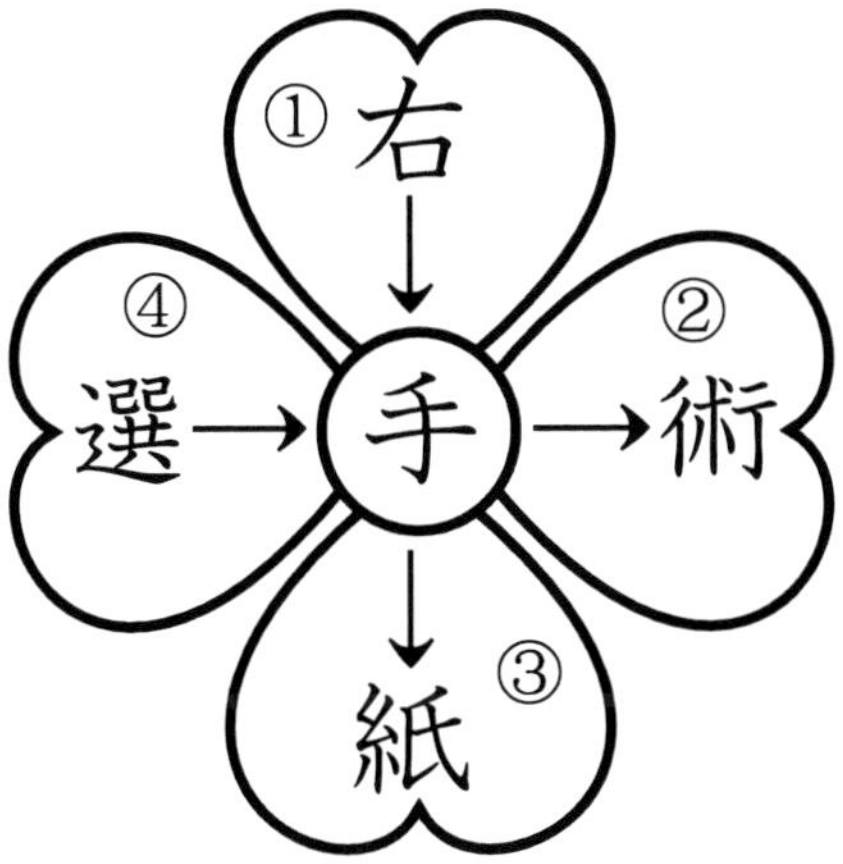

①（　　　　）②（　　　　）
③（　　　　）④（　　　　）

5.

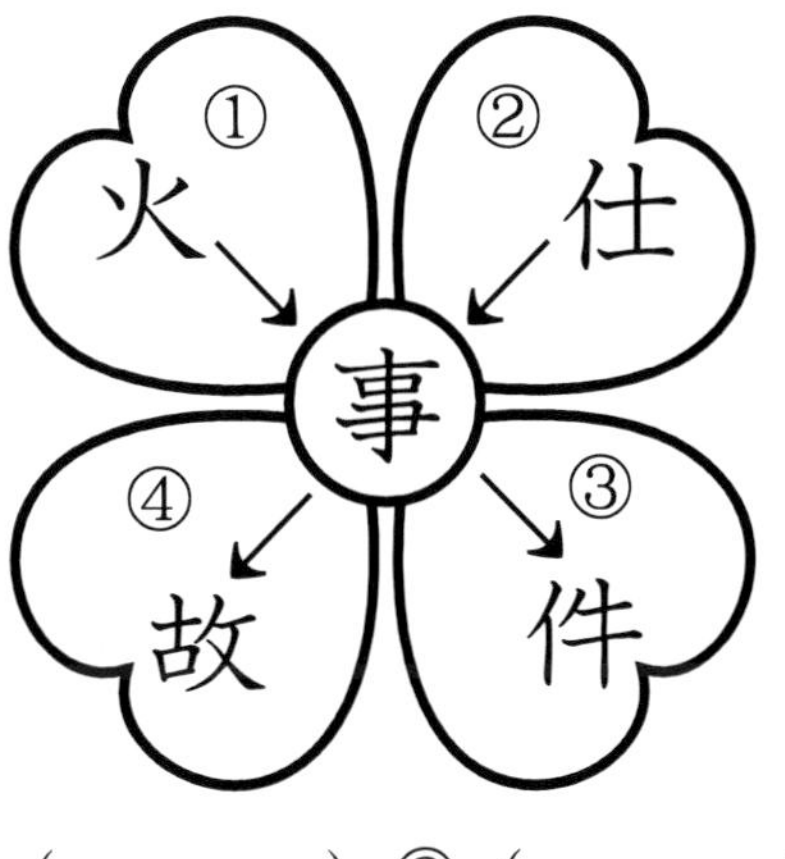

①（　　　　）②（　　　　）
③（　　　　）④（　　　　）

七課　貿易

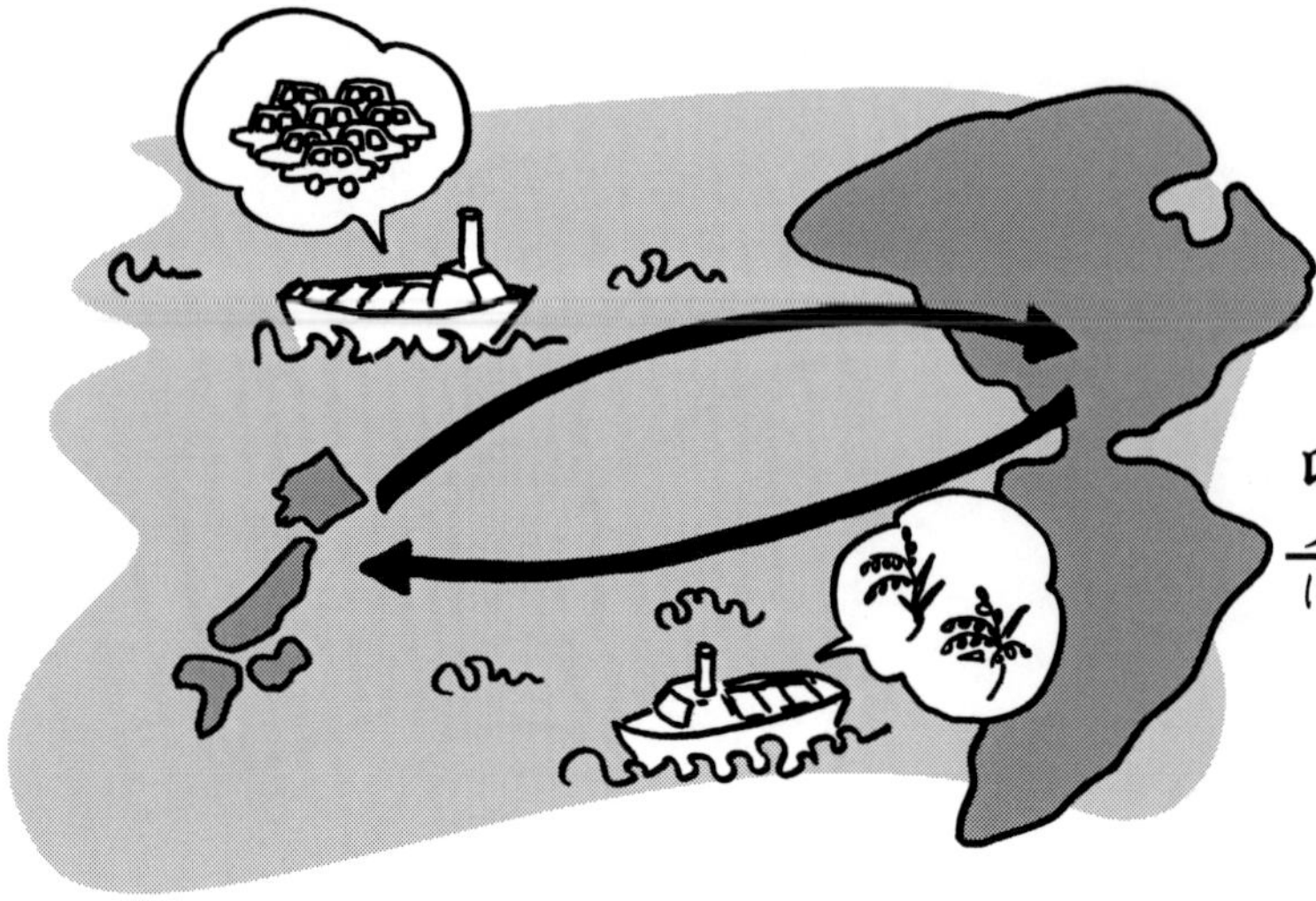

貿易《ぼうえき》

日本は 海に 囲《かこ》まれている

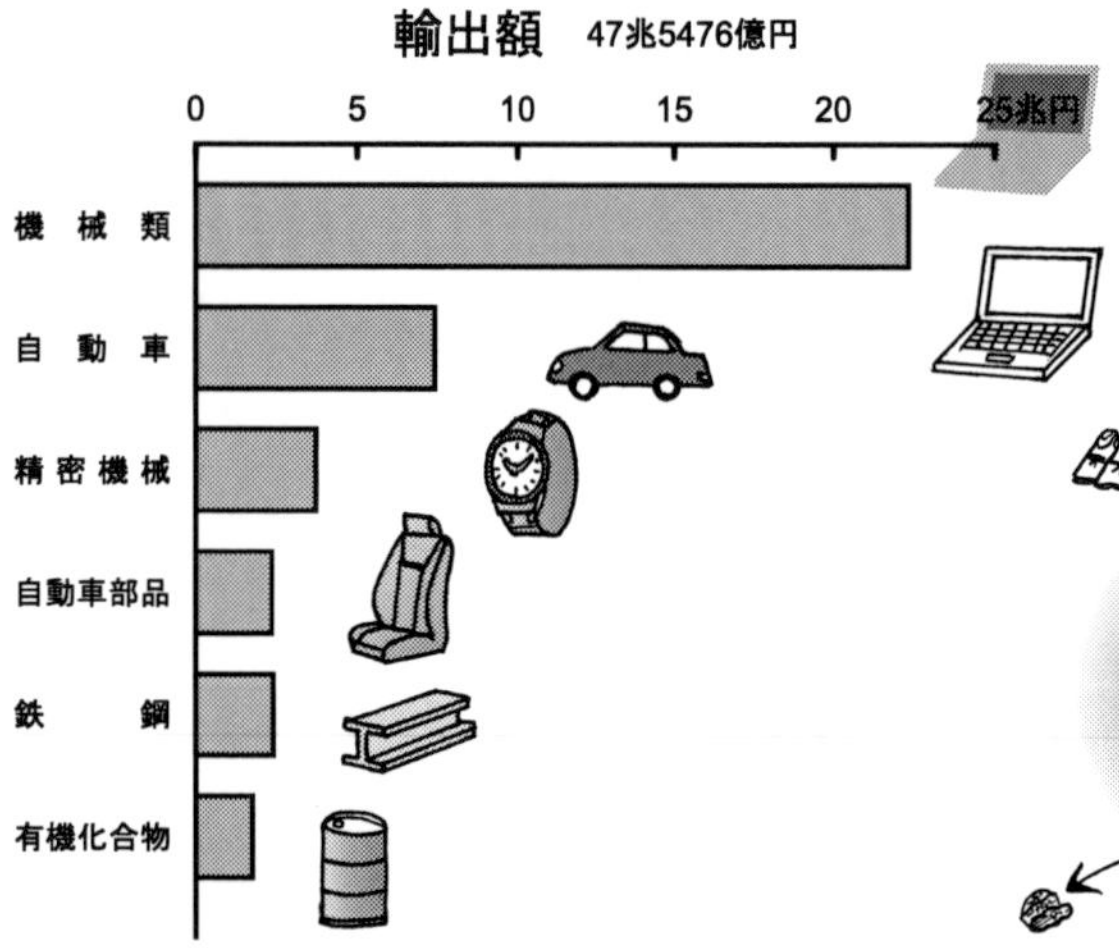

輸出《ゆしゅつ》

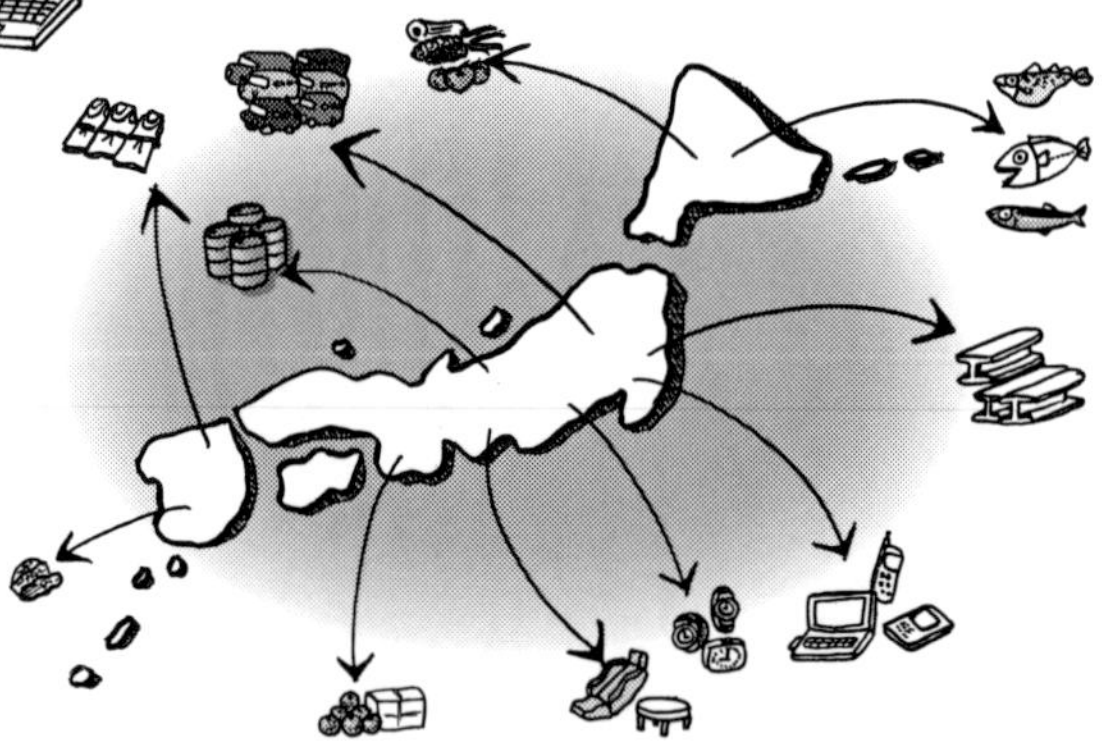

輸出額《ゆしゅつがく》

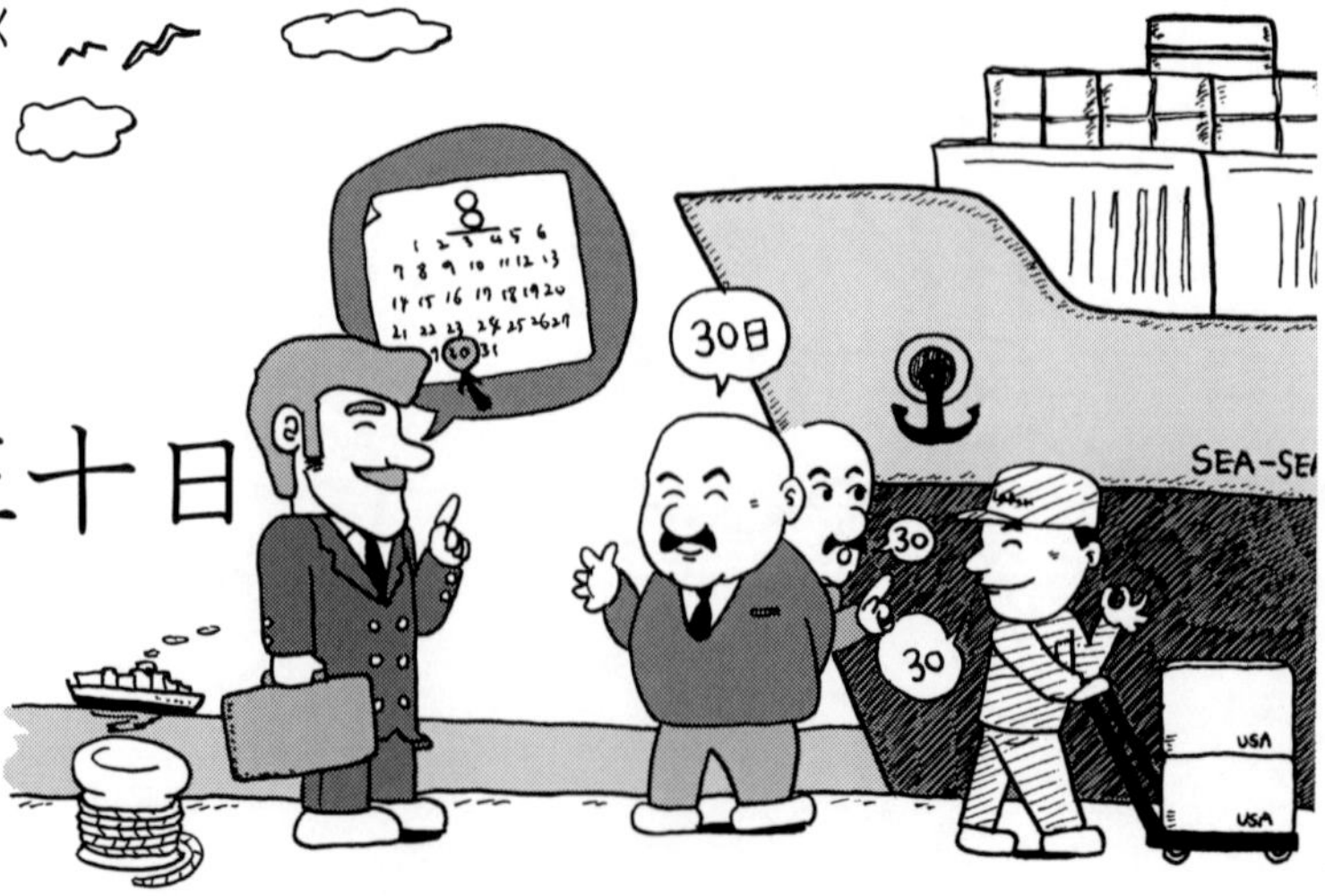

期限《きげん》は 三十日

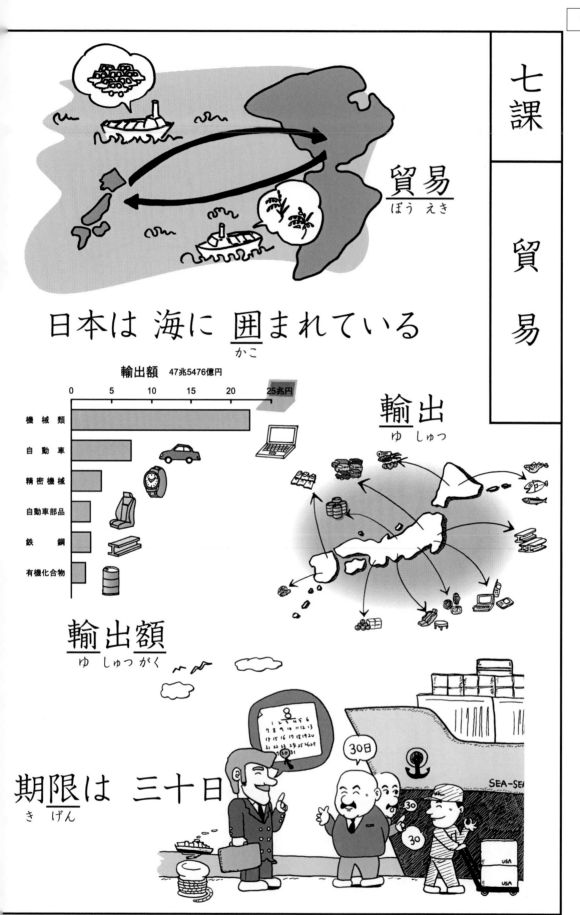

布《ぬの》

綿《めん》の シャツ

製品《せいひん》

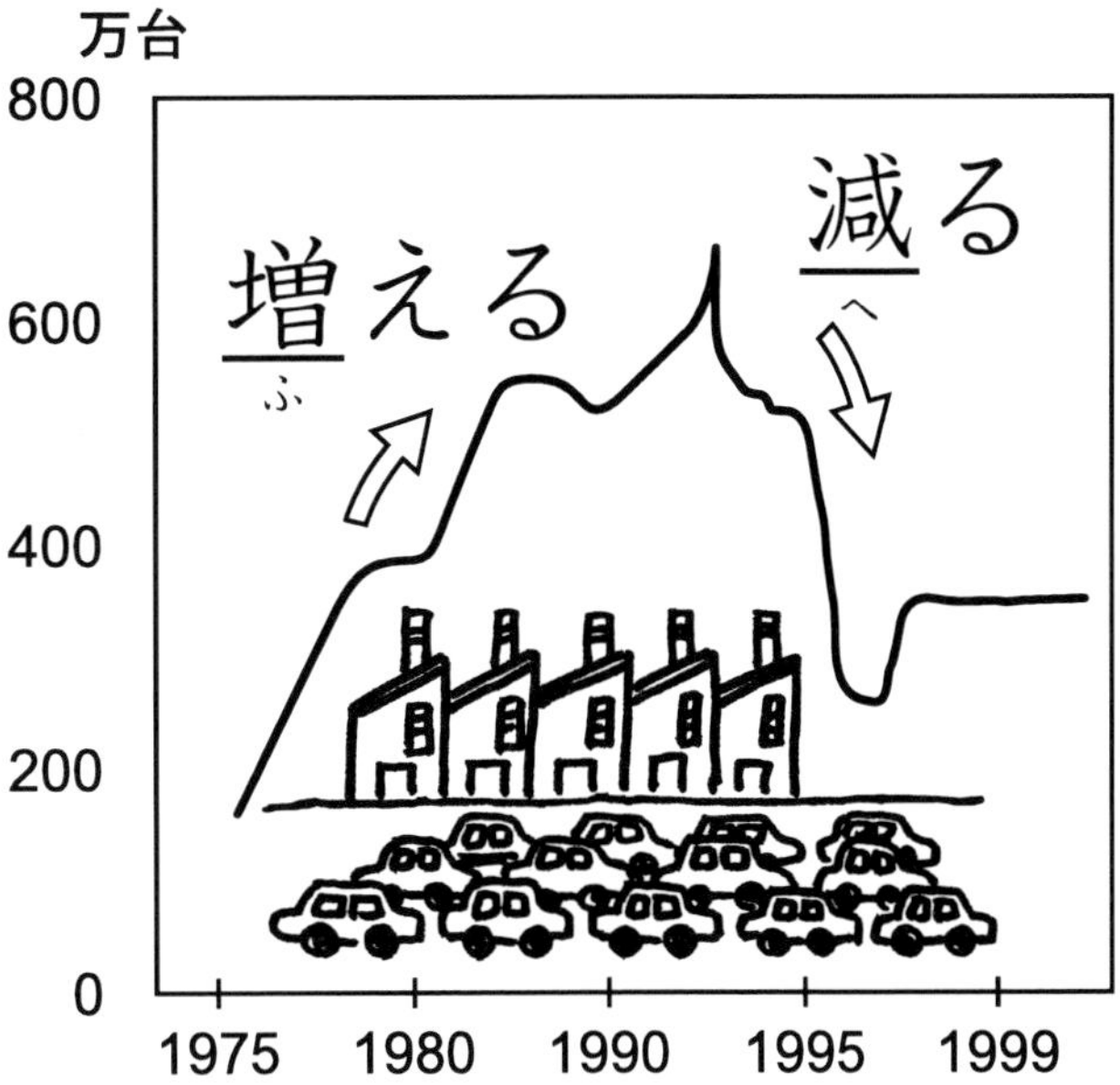

（自動車の生産）

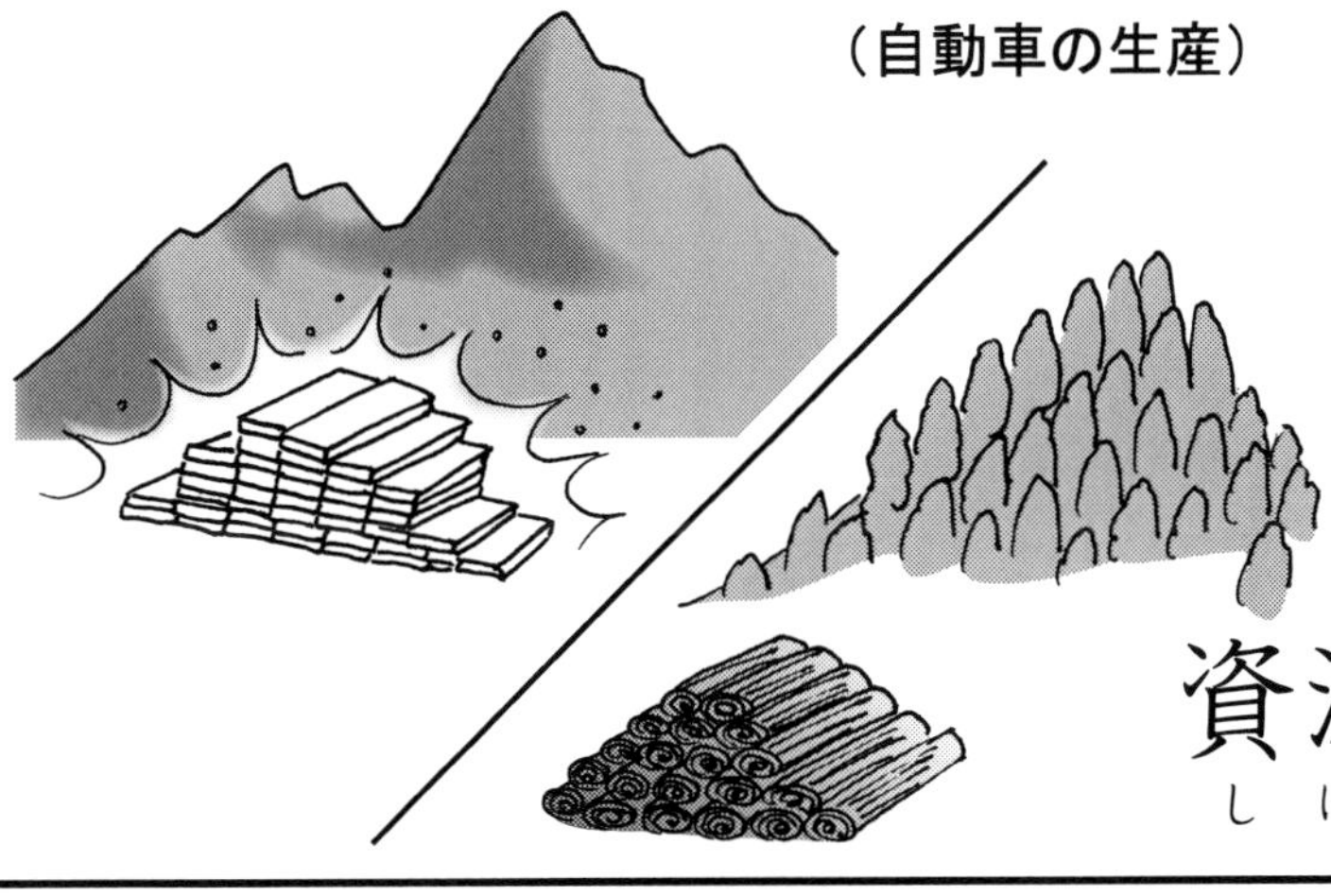

資源《しげん》が 豊富《ほうふ》

（　　　）

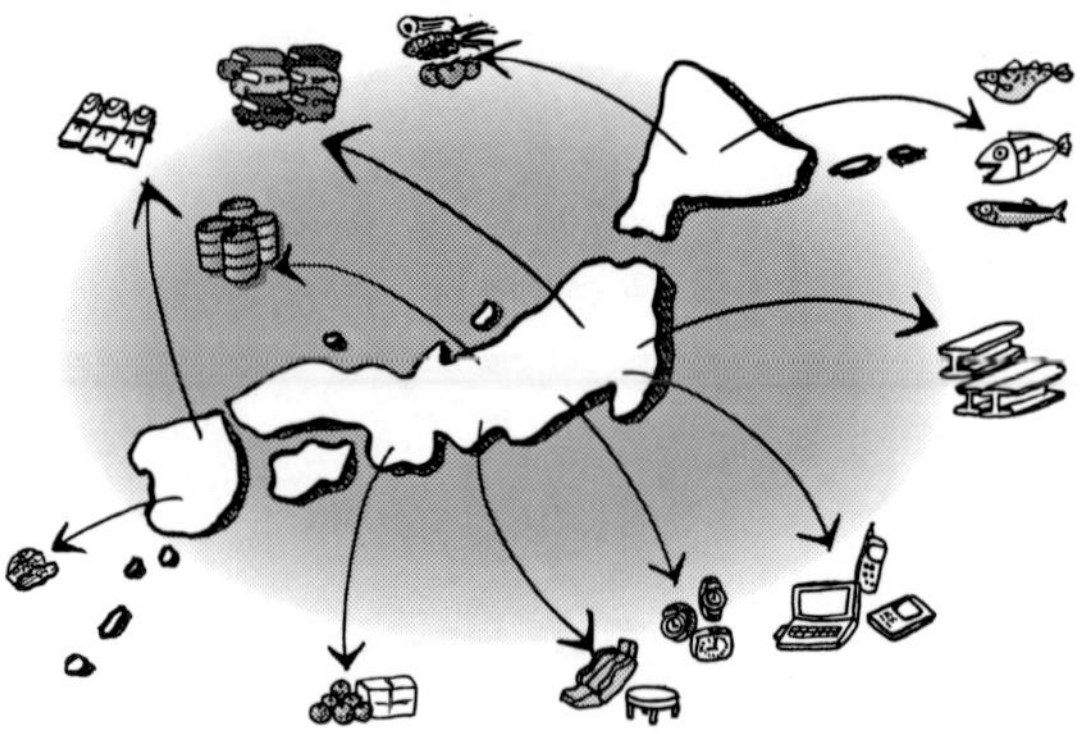

（　　　）

（　　　）

（　　　）

（　　　）

（　　　）

一．製品
二．豊富
三．輸出
四．布
五．期限
六．綿のシャツ

7課

絵を見て[　　]の中に①②③④を入れましょう。

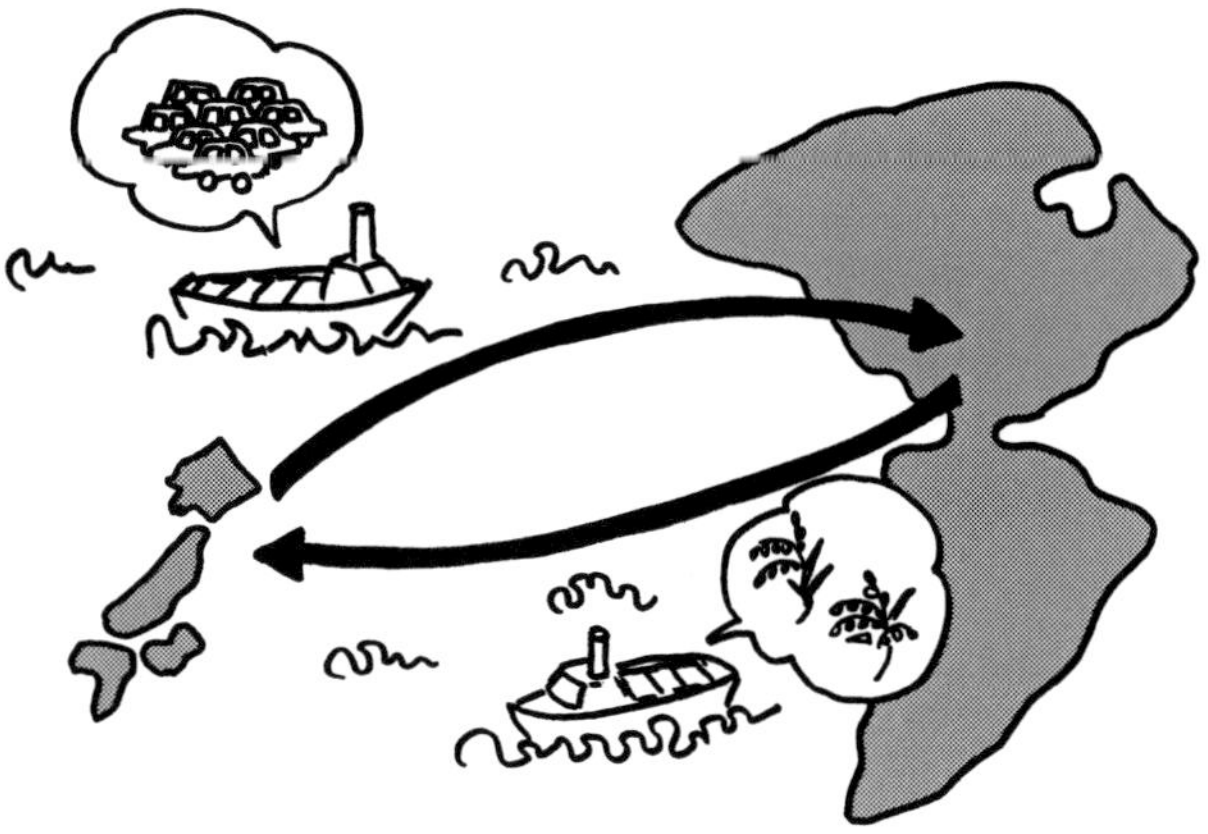

① 貿　易
② 輸出額
③ 増　え
④ 減　り
⑤ 囲まれ

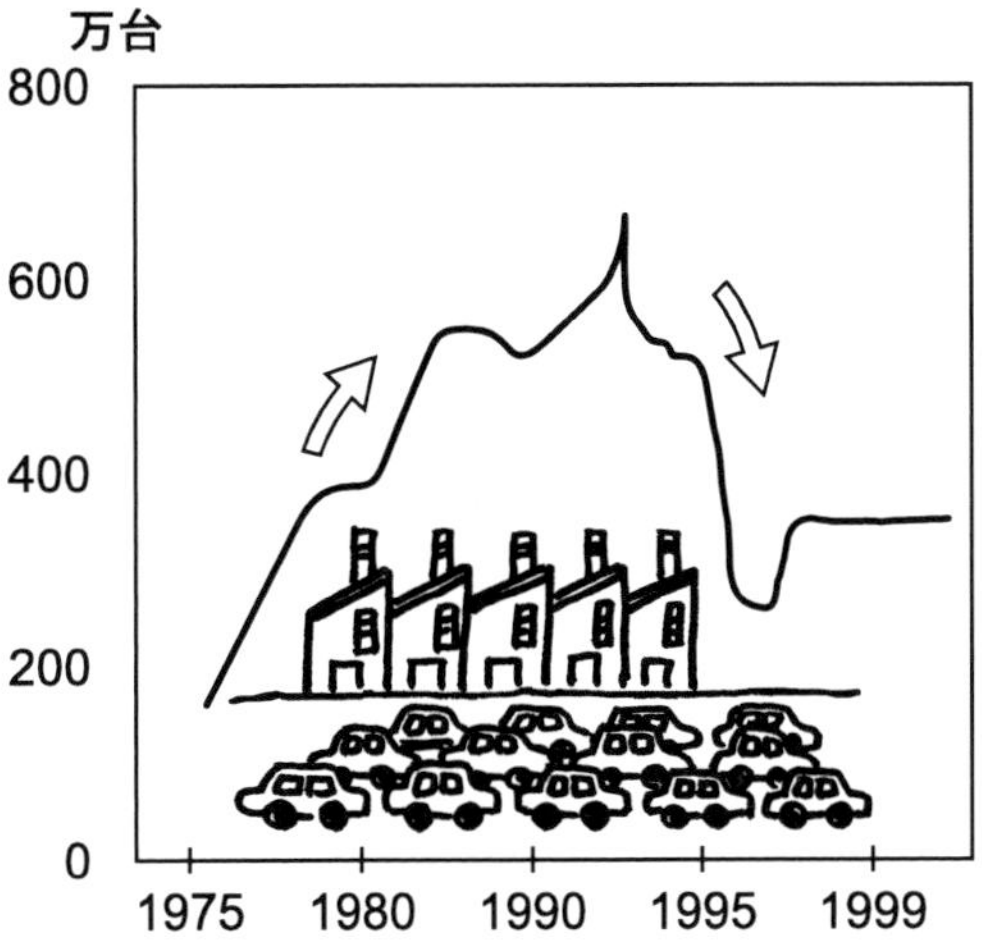

（自動車の生産）

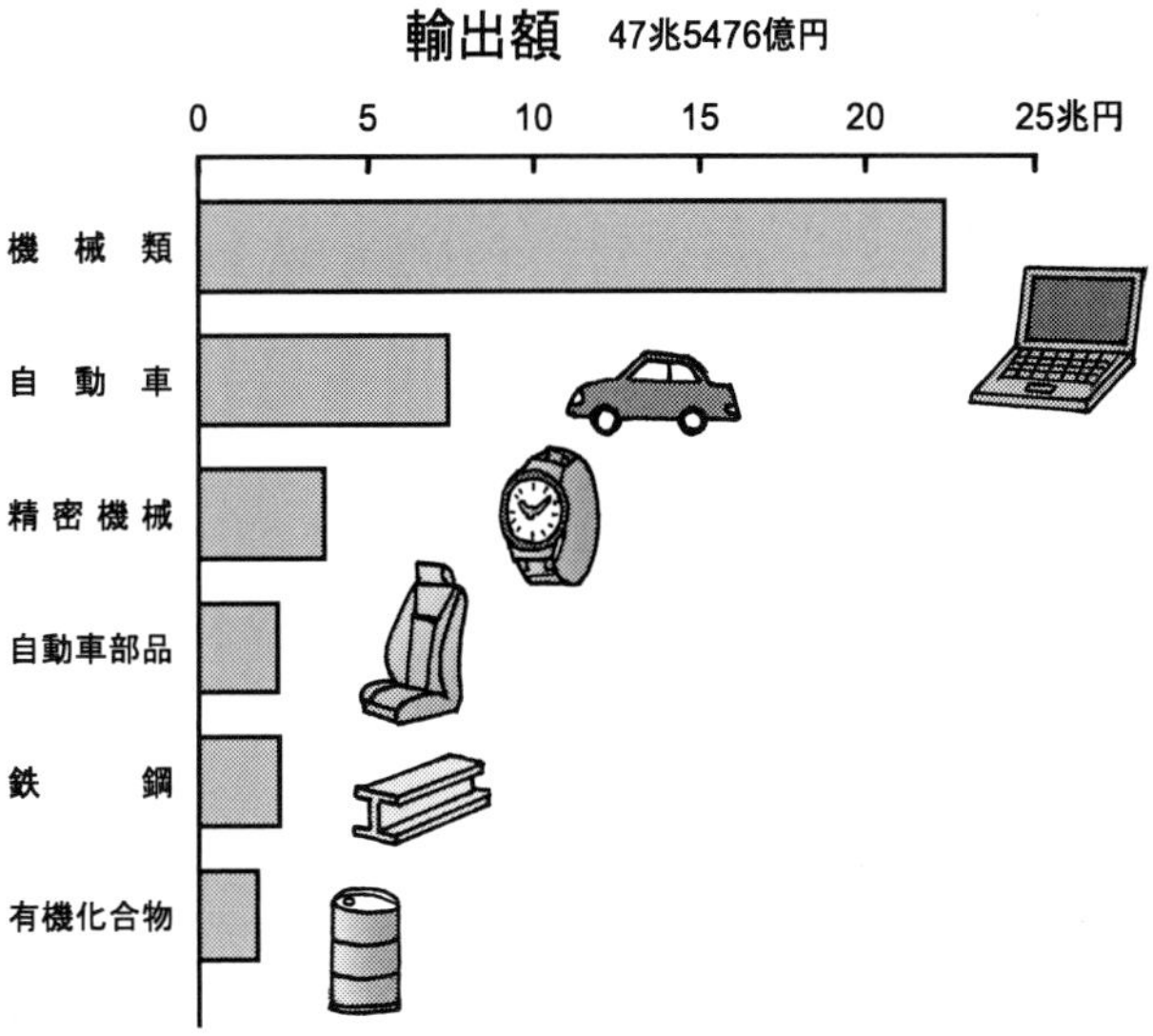

● 自動車の生産量が400万台から600万台に[　　]ました。

● 自動車の生産量が700万台から300万台に[　　]ました。

● [　　]が一番多いのは機械類《るい》です。

● 日本は海に[　　]た島国です。

● 外国と物を売ったり買ったりすることを[　　]といいます。

【読み練習】

1. 外国との間で　品物を売ったり　買ったりすることを　貿易といいます。
2. 外国から　品物を買うことを　輸入、外国に　品物を売ることを　輸出といいます。
3. 日本は　外国から　綿のシャツや布を　輸入しています。
4. オーストラリアは、地下資源《しげん》が　豊富です。日本はオーストラリアから　石炭などを　たくさん　輸入しています。
5. 日本の輸出は、せんい製品が減ってきて　自動車や機械が増えました。機械の輸出額は　世界一だそうです。
6. 約束の期限が　すぎたのに、まだ相手の国から　製品が　とどきません。
7. 日本は　海に囲まれた　島国です。

入《はい》ります
輸入《ニュウ》

出《で》ます
輸出《シュツ》

下《した》
下《さ》がる
地下《カ》

炭《すみ》
石炭《タン》

相談《ソウダン》
相《あい》手

クイズ（五）

Ⅰ．動詞の読み方を書きなさい。

1．出席《しゅっせき》する　2．欠席《けっせき》する　3．習う

4．勝つ　5．出る　6．借りる

7．入る　8．泣く　9．買う　10．貸す

11．教える　12．売る　13．負ける　14．笑う

Ⅱ．絵を見て絵に合う漢字をⅠから選んで例のように（　　）に番号を書きなさい。

例

（1）

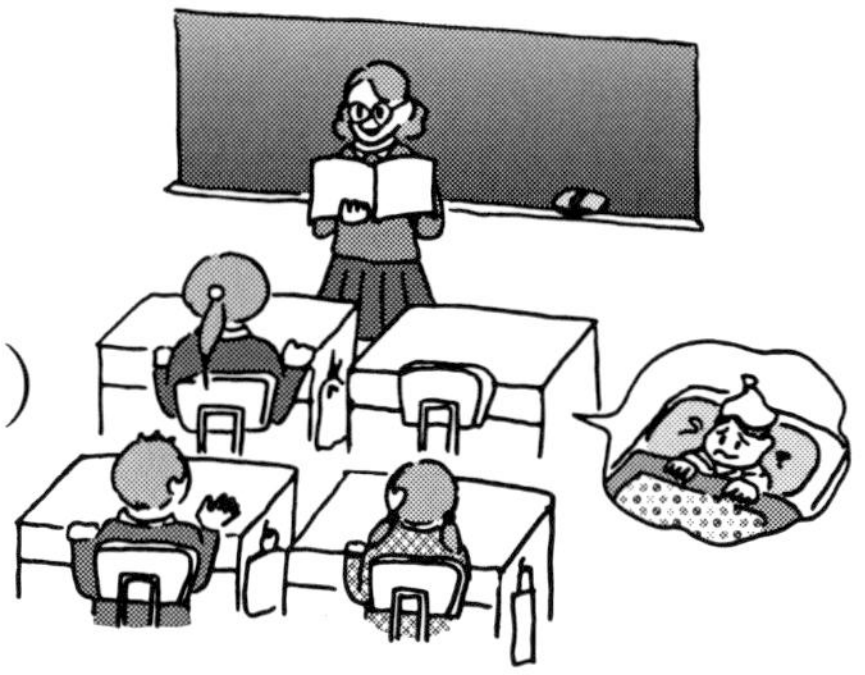

（2）

①（　）

（　）

②

（　）（　）

③

（　）（　）

④（　）

（　）

⑤（　）

（　）

⑥

（　）（　）

八課 算数

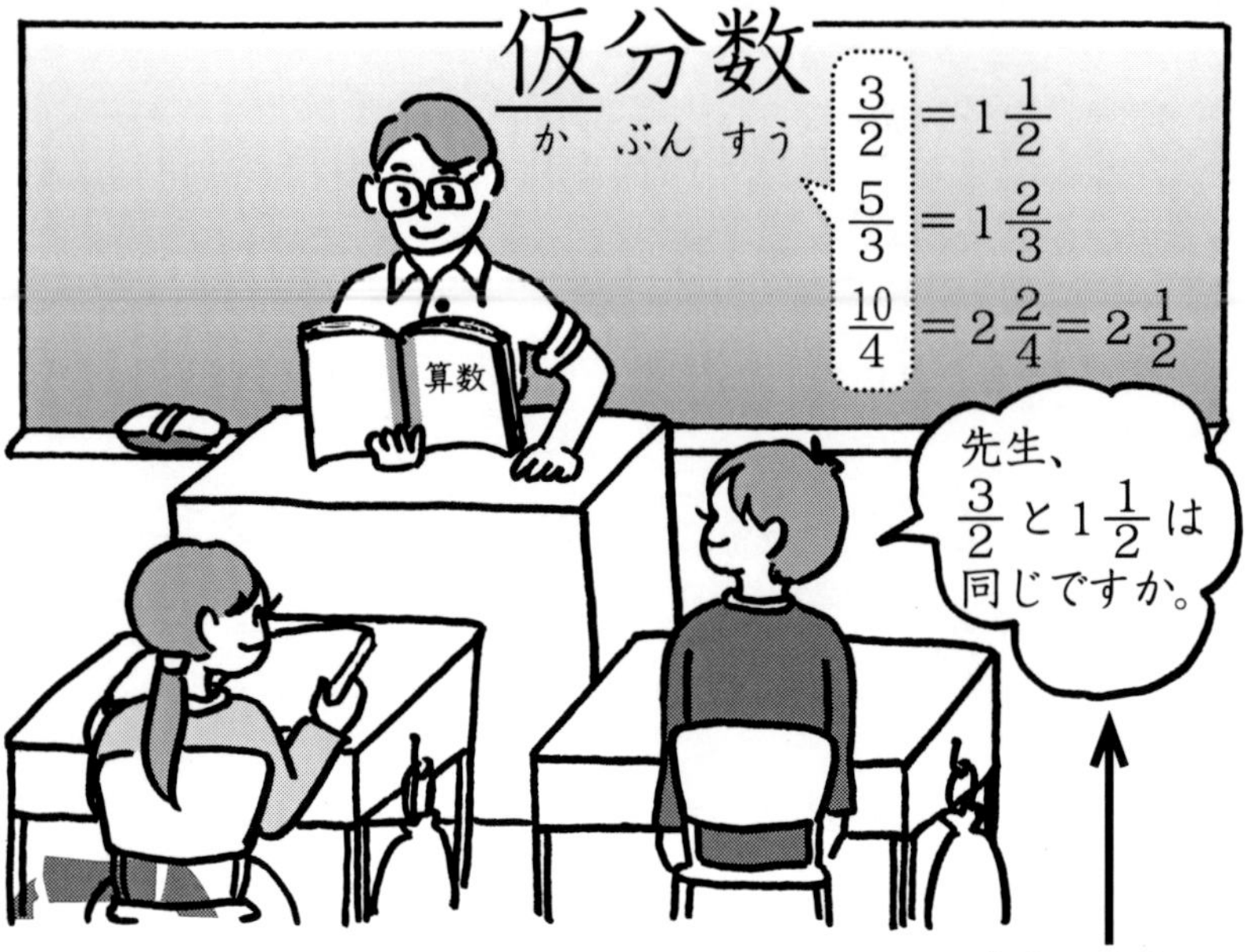

質問《しつもん》する

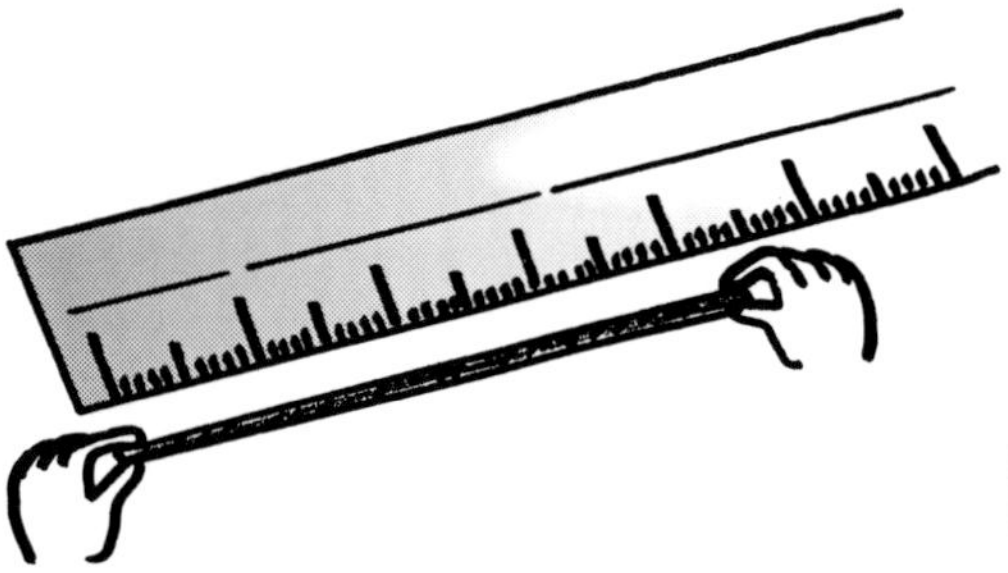

長さを 測《はか》る

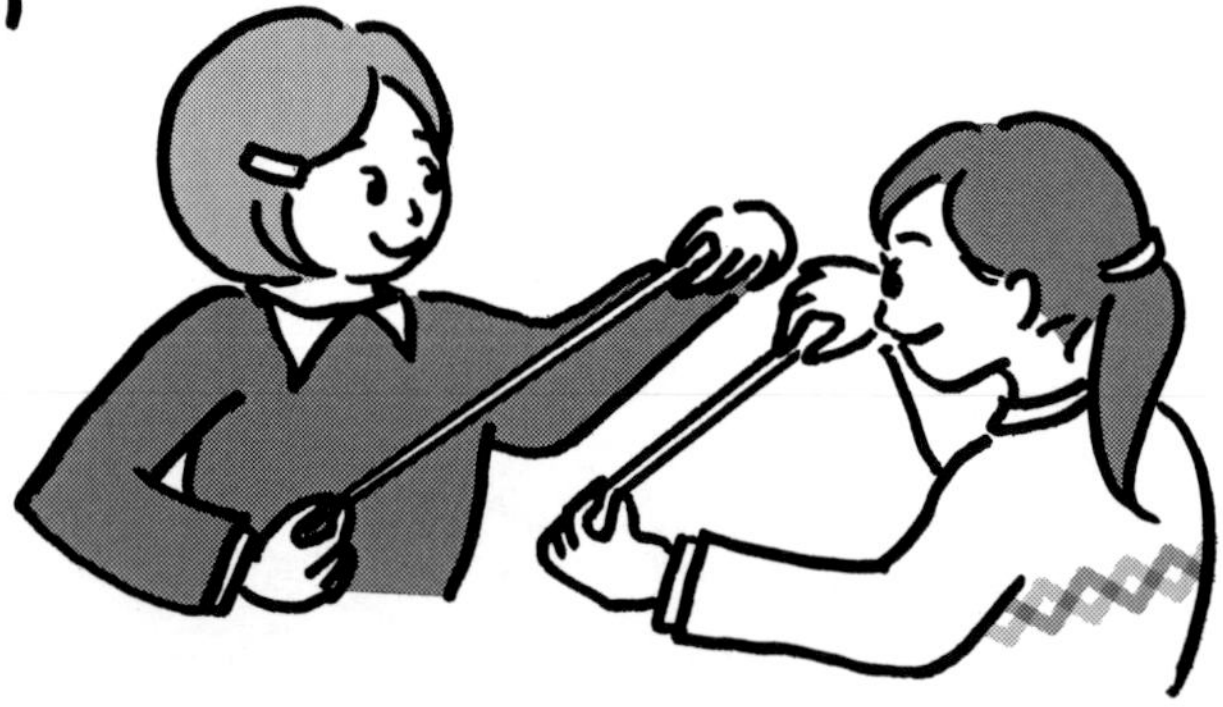

長さを 比《くら》べる

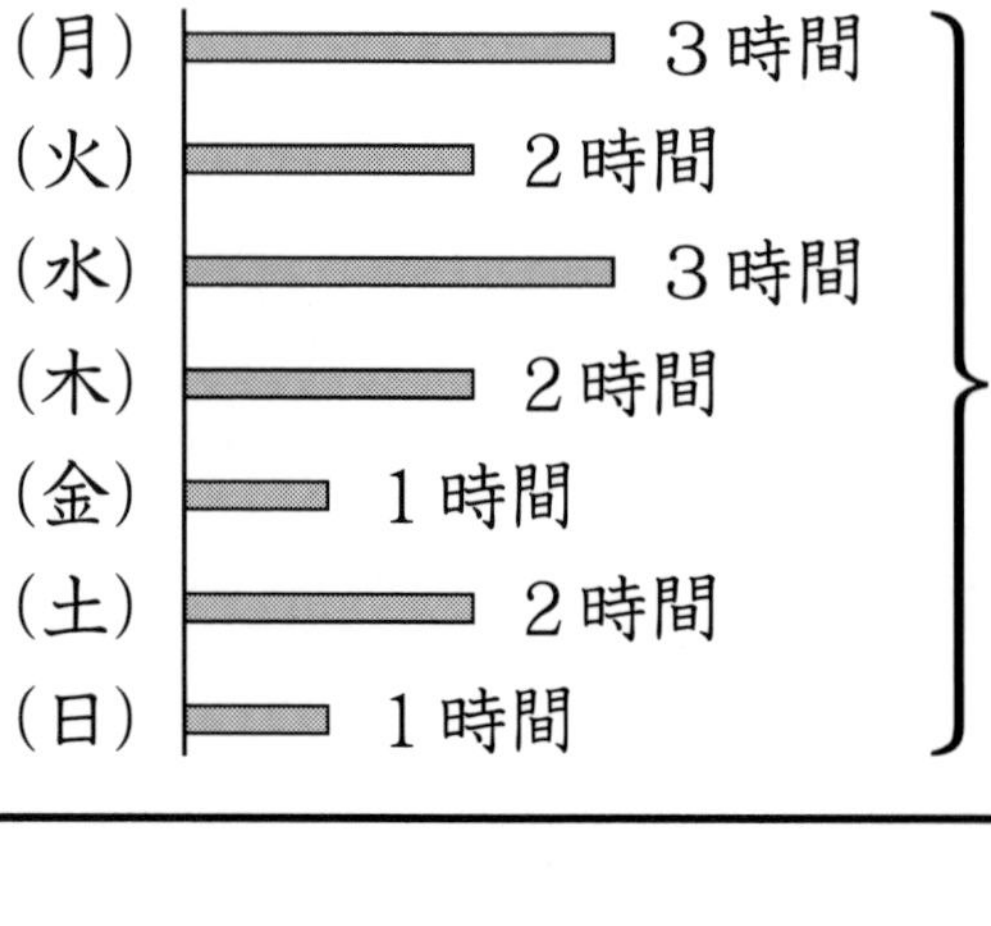

家での 勉強時間は

平均《へいきん》 一日2時間です。

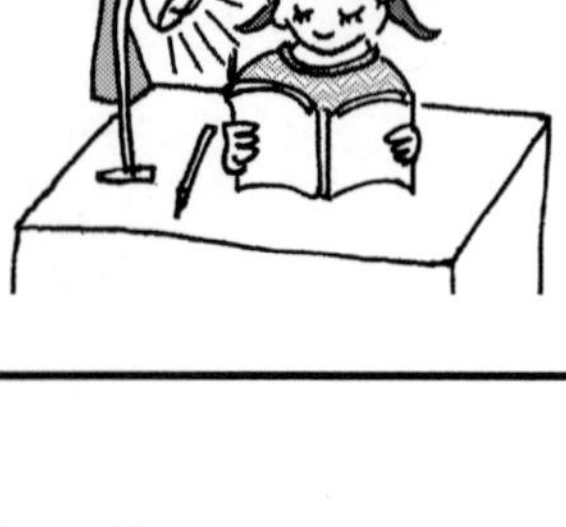

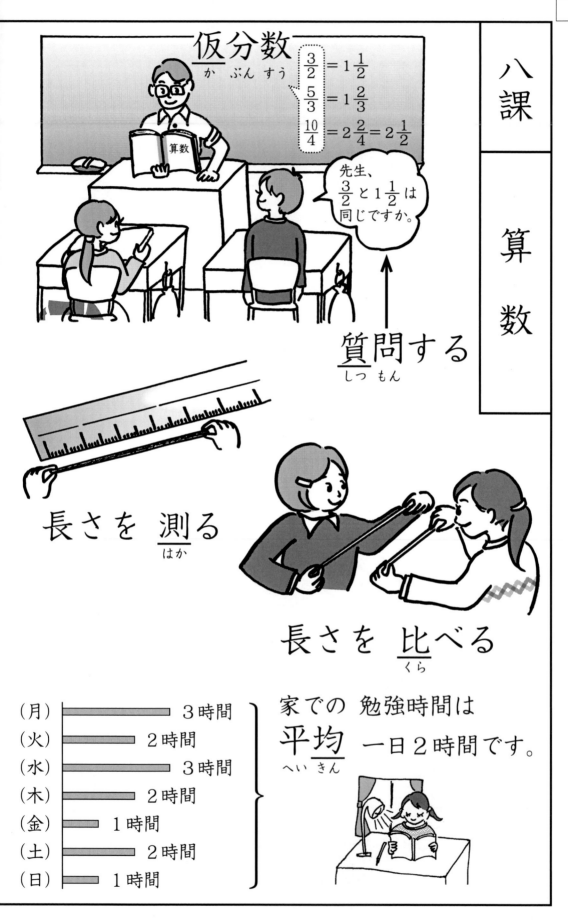

余《あま》り

23÷5=4…3
53÷7=7…4
75÷8=9…3

23わる5は4余り3です。

略《りゃく》す

km	キロメートル	→	キロ
cm	センチメートル	→	センチ
mm	ミリメートル	→	ミリ
kg	キログラム	→	キロ
mg	ミリグラム	→	ミリ

センチメートルは略してセンチといいます。

不正確《ふせいかく》なはかり方

正確《せいかく》なはかり方

簡単《かんたん》なパズル

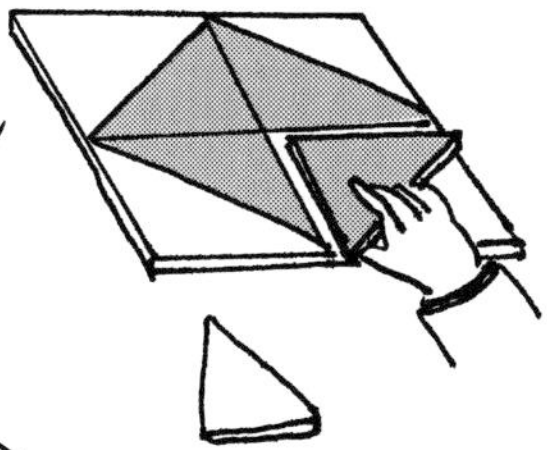

複雑《ふくざつ》な パズル

率《りつ》(%)

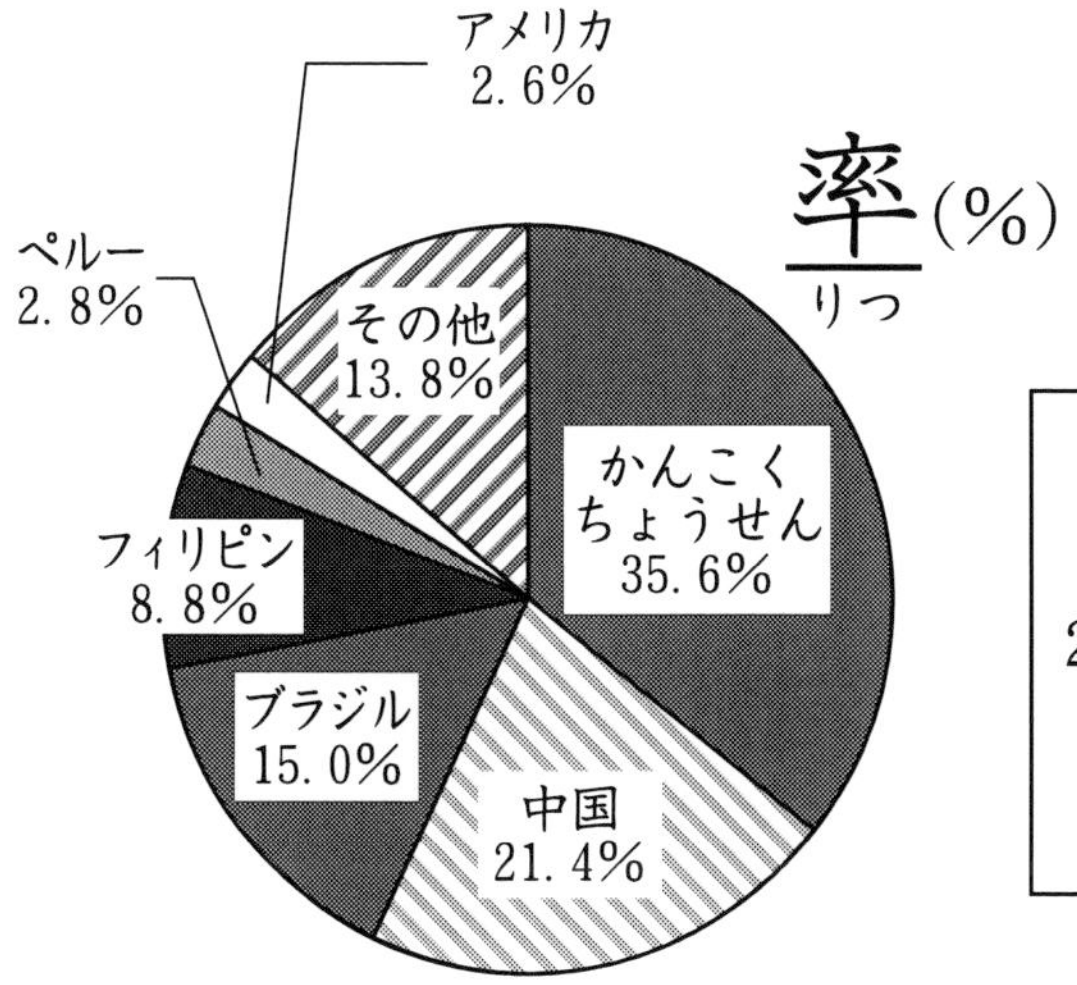

日本に住む外国人

2×3=6 →	20×3=60
	0.2×3=0.6
	2×300=600

応用《おうよう》する

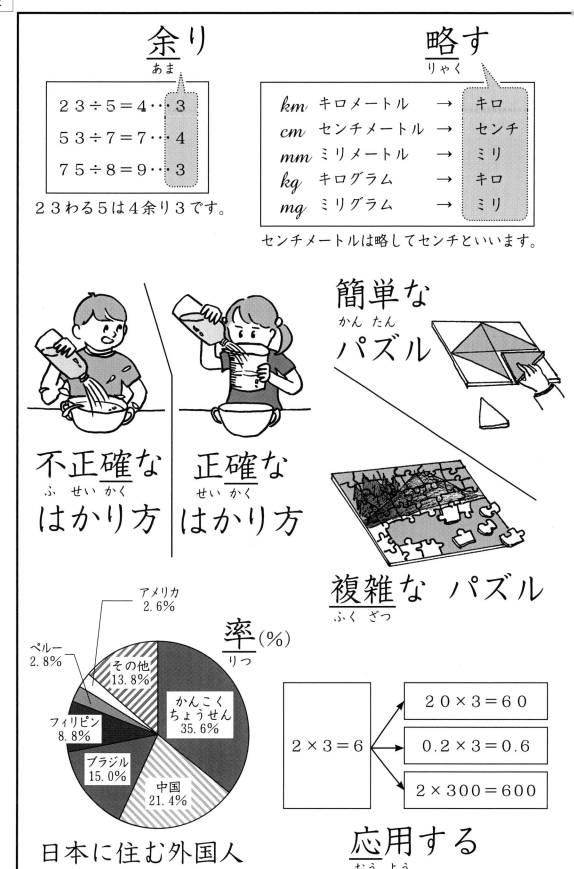

・　　・仮 分 数

$$\frac{3}{2}=1\frac{1}{2}$$
$$\frac{5}{3}=1\frac{2}{3}$$
$$\frac{10}{4}=2\frac{2}{4}=2\frac{1}{2}$$

・　　・応用する

・　　・長さを
測る

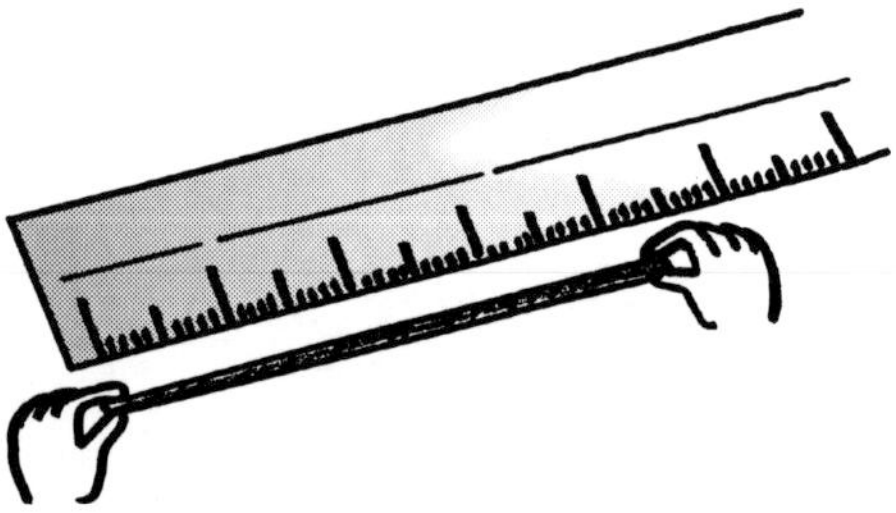

・　　・質問する

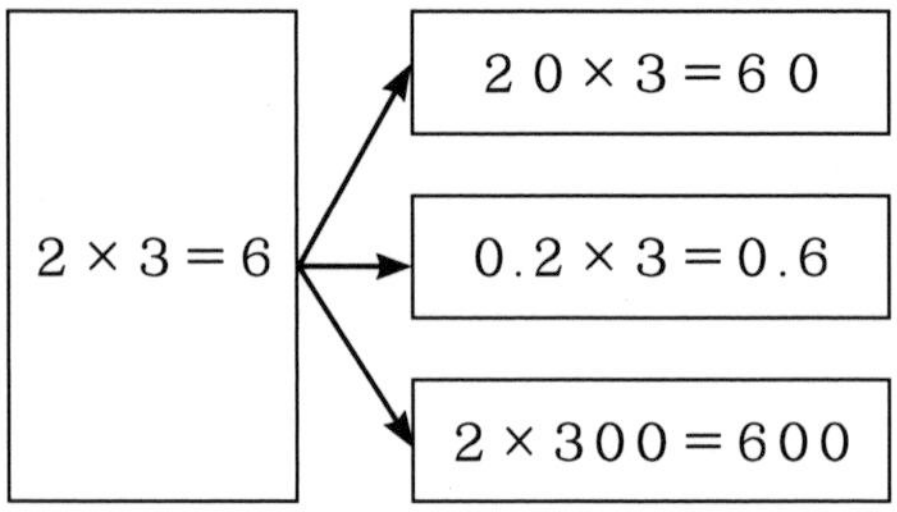

・　　・正確に
はかる

km	キロメートル	→	キロ
cm	センチメートル	→	センチ
mm	ミリメートル	→	ミリ
kg	キログラム	→	キロ
mg	ミリグラム	→	ミリ

・　　・略　　す

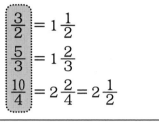

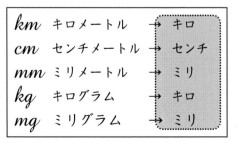

・　・3本の長さの平均は3cm

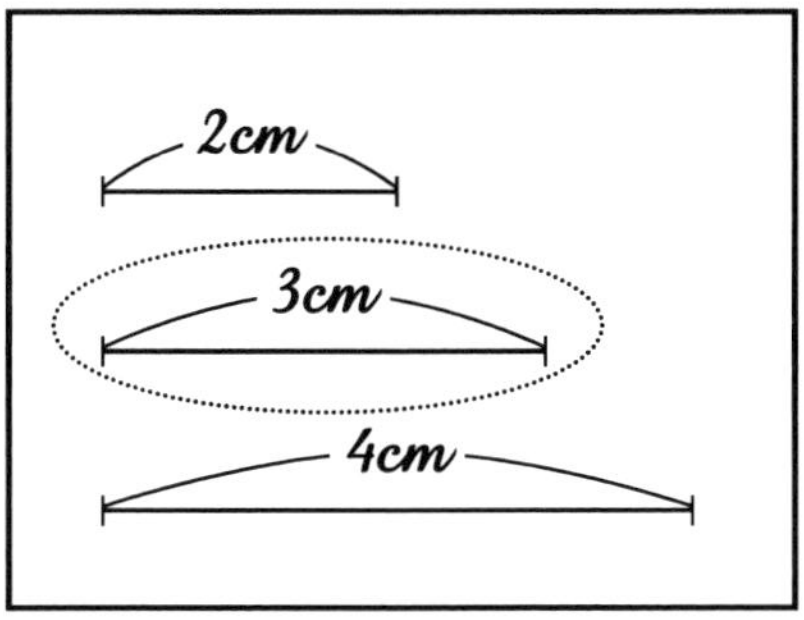

・　・複雑な パズル

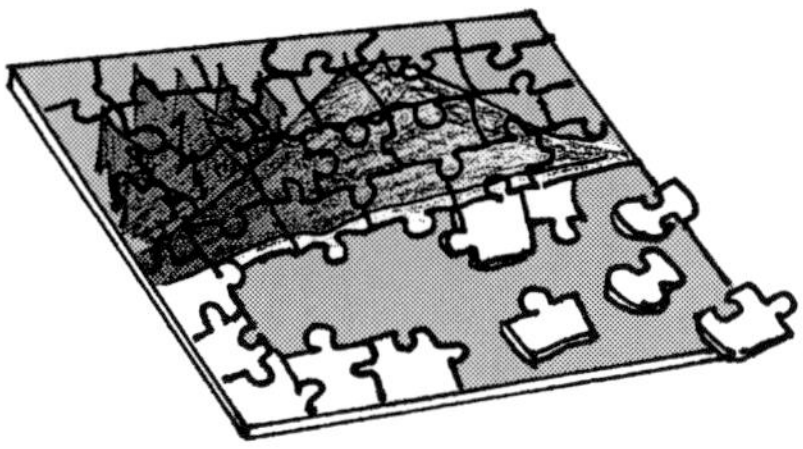

・　・長さを 比べる

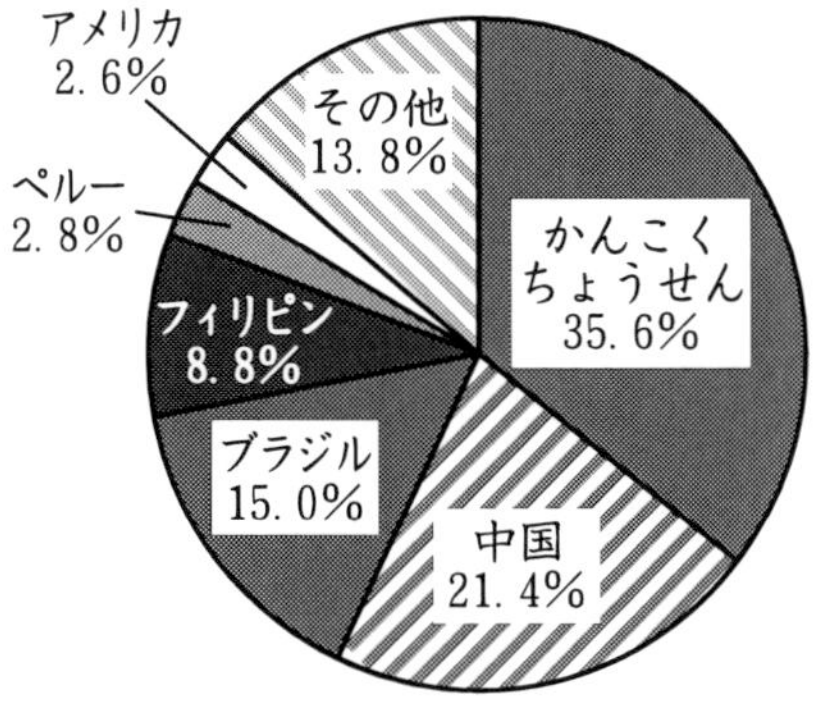

日本に住む外国人

・　・余　　り

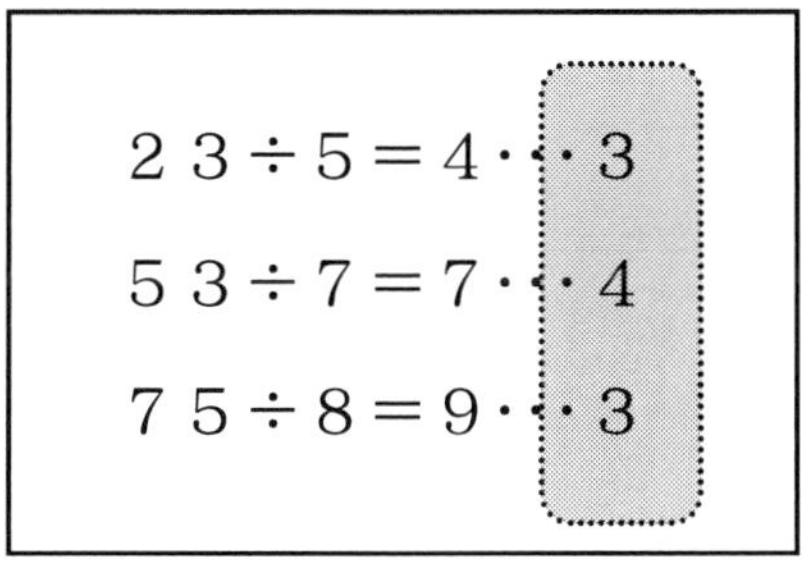

・　・率

【読み練習】

1. 山田君は六十点、　田中さんは七十点、　僕は五十点、　三人の平均は六十点です。
2. 質問の答えを　解《かい》答らんに　書きましょう。
3. ゆっくりでいいから、　正確に計算しましょう。
4. 五十三を　七で　わると　七余り四です。
5. 仮分数は　分母より分子の方が　大きいです。
6. 長さを測る単位は　メートルや　センチメートルです。
7. やさしい問題ができたので、　次は　少しむずかしい　応用問題をします。
8. 計算式では　単位を略して書きますが、　答えには　単位を必ず書きます。

正《ただ》しい
正《ショウ》月
正《セイ》確

分《フン》／分《ブン》
分《ブン》

子《こ》
分子《シ》

9. 家に　パソコンがある人と　ない人を比べると　ある人の方が　ずっと多いです。
パソコンを　持っている人の率の方が　高いです。

10. 複雑な計算は　よくまちがえます。苦手です。

いろいろな読み方2「大」

おお（はげしい、すごい、大きい）

大雨《おおあめ》　台風《たいふう》のため、大雨に　気をつけてください。

大型《おおがた》　駅の近くに、大型のスーパーができた。

だい（程度《ていど》が高い・・・とても、たいへん）

大好《だいす》**き・大**《だい》**きらい**　まん画は　大好きだけど、本を読むのは　大きらいだ。

大成功《だいせいこう》　みんなでがんばった学芸会は　大成功だった。

九課　国語

習字を　張《は》る

先生の　指示《しじ》

意志《いし》が
強い人

金賞《きんしょう》

理解《りかい》できた

厚《あつ》い　事典

勉強の
基本《きほん》

才《さい》能《のう》が ある

順《じゅん》序《じょ》よく ならぶ

内《ない》容《よう》

適《てき》切《せつ》な 説明

① 漢字は、いつどこでできたと思いますか。

② 今から三千年以上も前に、中国でできました。

句《く》点《てん》

文の構《こう》成《せい》

主語

雨が ふる

花が さく

述《じゅつ》語《ご》

接《せつ》続《ぞく》語《ご》

③ 初めは物の形をかんたんな絵で表しました。

④ それがだんだん変化して今の漢字ができました。

⑤ そして、それらの漢字を組み合わせて新しい漢字を作りました。

（　　　　）

（　　　　）

（　　　　）

（　　　　）

（　　　　）

（　　　　）

（　　　　）

（　　　　）

一．金賞
二．理解
三．順序
四．厚い
五．内容
六．指示
七．張る
八．適切

①才能

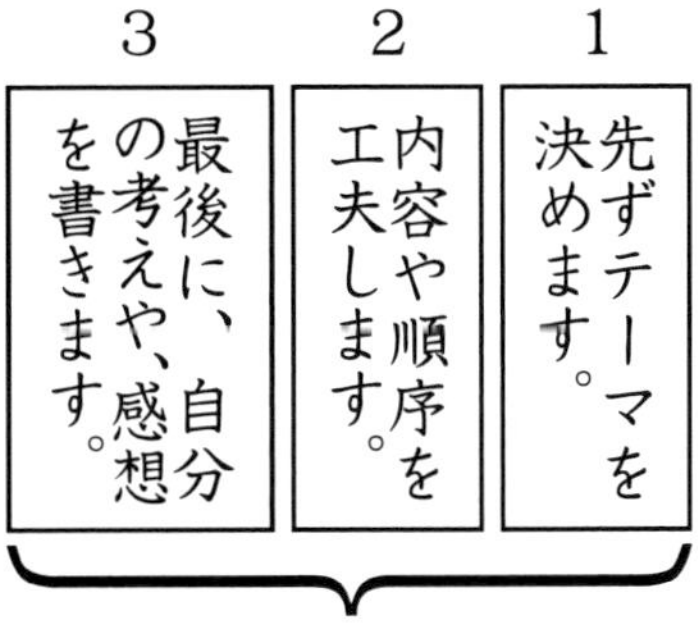

②構成

③意志

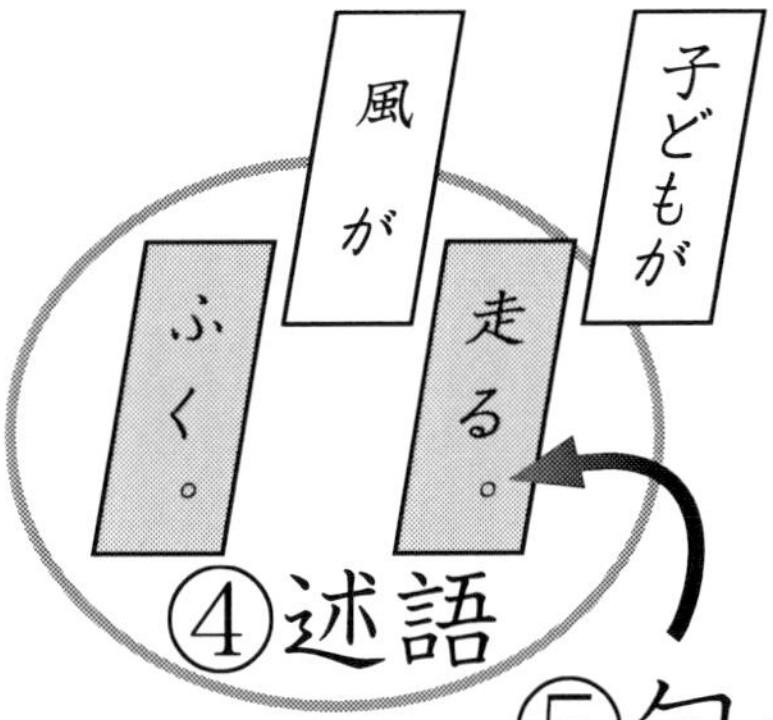

④述語

⑤句点

⑥基本

⑦接続語

上の絵を見て［　　］の中に①～⑦を入れましょう。

- 文の終わりには必ず［　　］をつけます。
- 文と文をつなぐことばを［　　］といいます。
- ぼくの組には音楽や詩の［　　］がある人がいる。
- 作文を書くときは、まず［　　］を考えよう。
- 「何がどうする」の「どうする」の部分を［　　］という。
- 野《の》口《ぐち》英《ひで》世《よ》は毎日努力して医者になる勉強を続けました。［　　］が強い人です。

【読み練習】

1. 読み　書きと　計算が　勉強の　基本です。

2. 先生の指示に　したがって、一分間スピーチを　しました。

3. 先生は「田宮さんは　詩の才能がある。」と　ほめました。

4. この厚い本は　百科事典といって、何か調べたいとき、これで調べることが　できます。

5. 作文を書くとき、「はじめに」「次に」「それから」などの　言葉《ことば》を　使《つか》うと、順序がよく分かります。

6. この本は　内容を理解するのが　ちょっとむずかしいですが、がんばって　読んでいます。

指《ゆび》
指《シ》示

7. 先生は、「作文を書く前に、 構成を 考えなさい。」と おっしゃいました。

8. 試験に「次の文の（　　）に 適切な漢字を 入れなさい。」という問題が出ました。

9. 先生は、 みんなが書いた習字を 張り出しました。

10. 特に上野君の習字がすごいなあ。金賞だね。

11. 丸（。）を句点、 点（、）を読点、 両方で 句読点といいます。

12. 「そして」「けれども」など、 文と文をつなぐ言葉を 接続語といいます。

13. この作品には、 戦争をしてはいけない という強い意志が 感じられる。

14. 文の、「何が」の部分を 主語、「どうする」の部分を 述語といいます。

読《よ》む
句読《トウ》点

続《つづ》く
接続《ゾク》語

他動詞

紙を破る

自動詞

スカートが破れる

場所を移す

住む所が移る

他動詞

ご飯を増やす

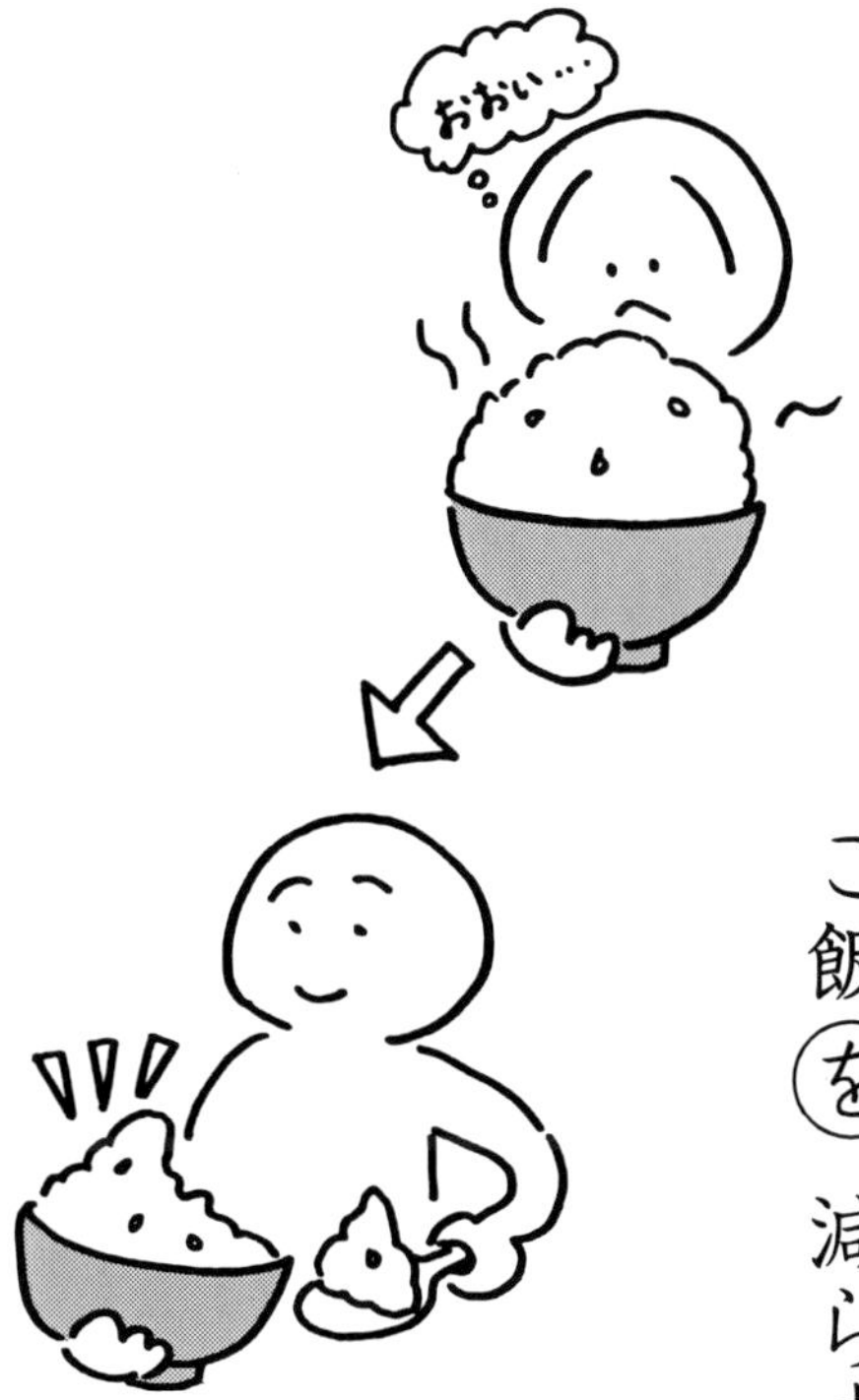

ご飯を減らす

自動詞

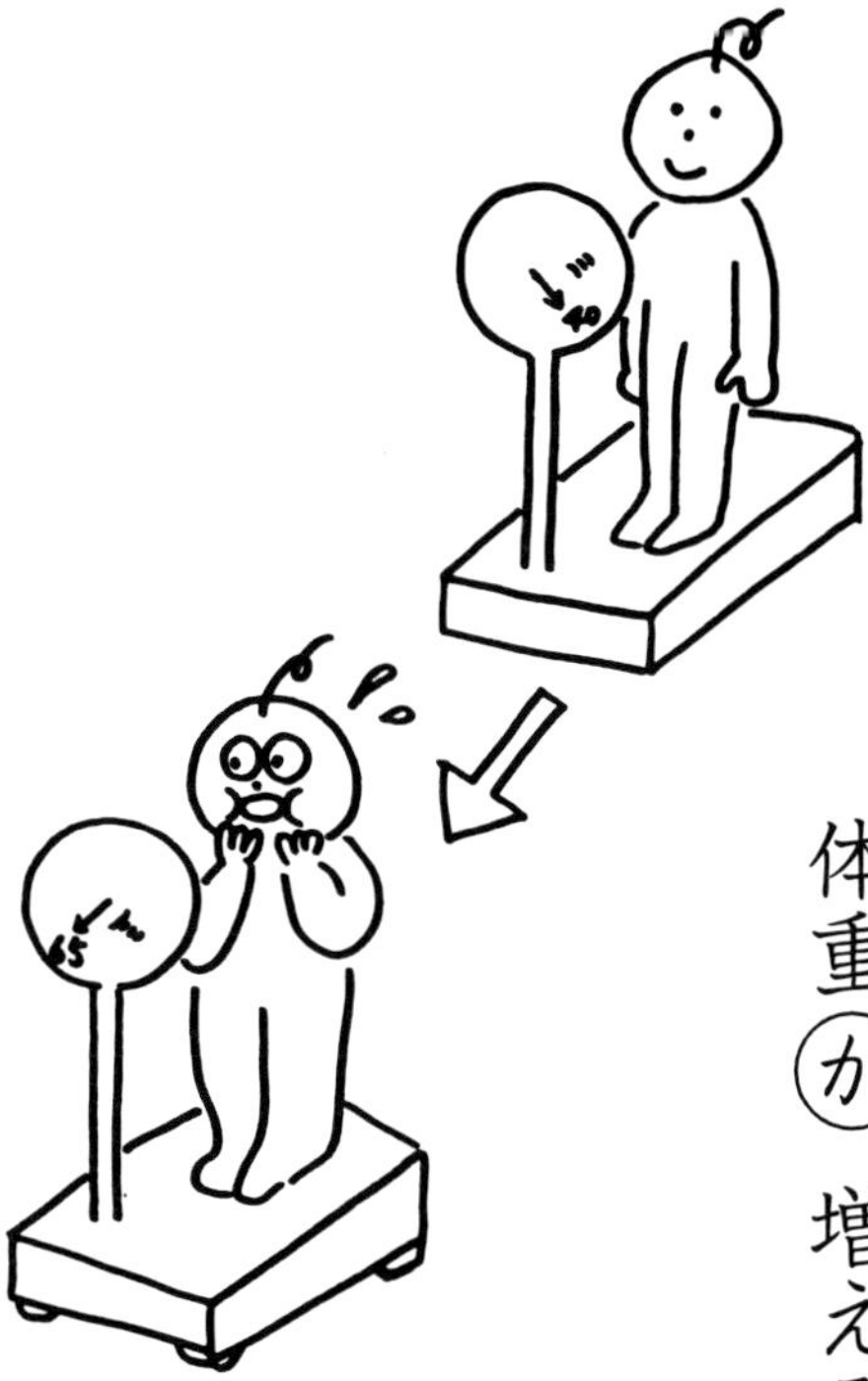

体重が増える

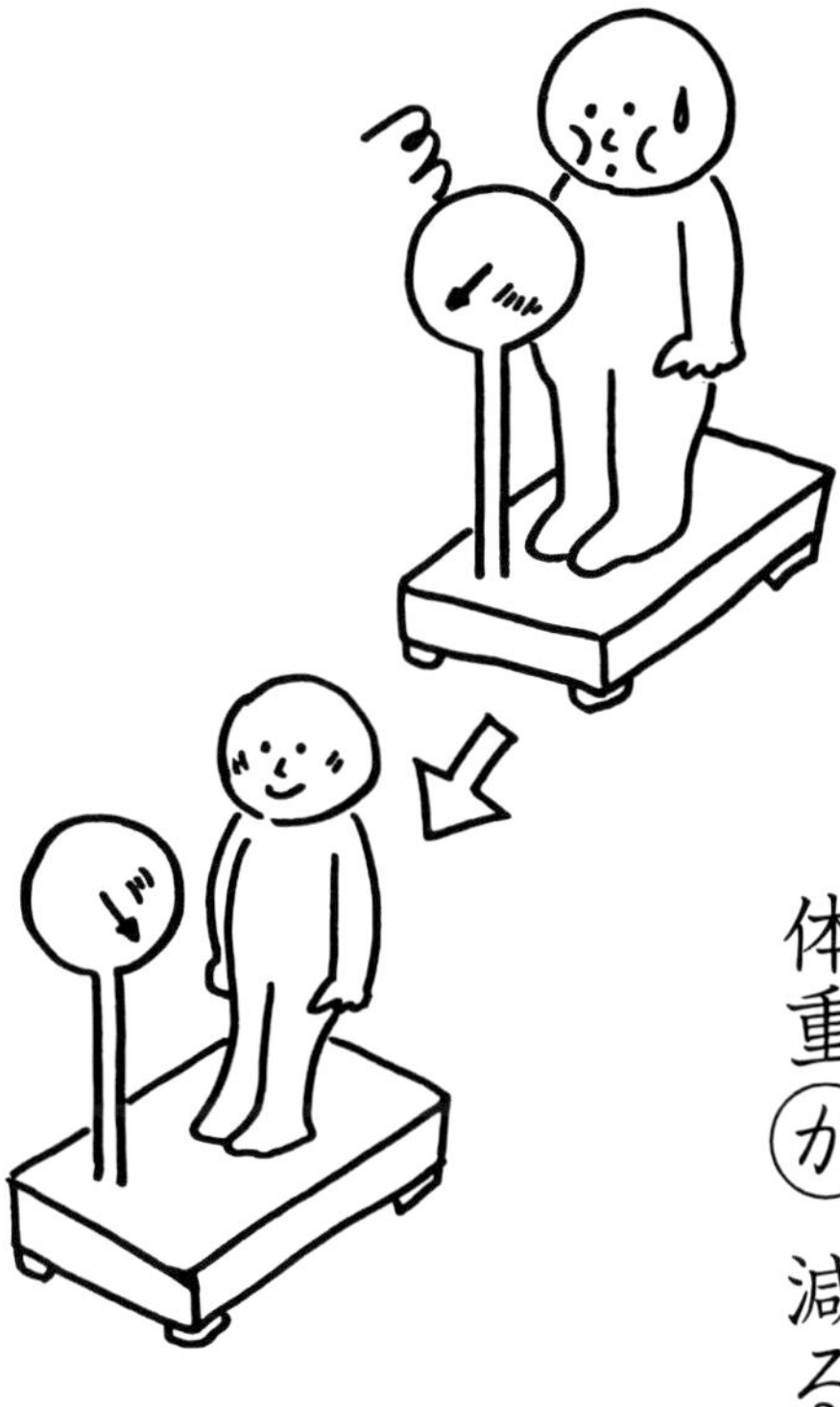

体重が減る

十課 歴史

歴史《れきし》

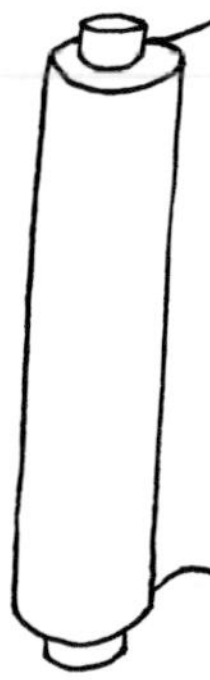

十世紀《せいき》

十五世紀《せいき》

二十一世紀《せいき》

航海《こうかい》

コロンブスの名は永久《えいきゅう》に残る

貧《まず》しい 生活

象《ぞう》

仏像《ぶつぞう》

独立国《どくりつこく》に なった

武士《ぶし》

統一《とういつ》

領土《りょうど》

国境《こっきょう》

勢力争《せいりょくあらそ》い

(　　　　)　(　　　　)　(　　　　)

(　　　　)

(　　　　)

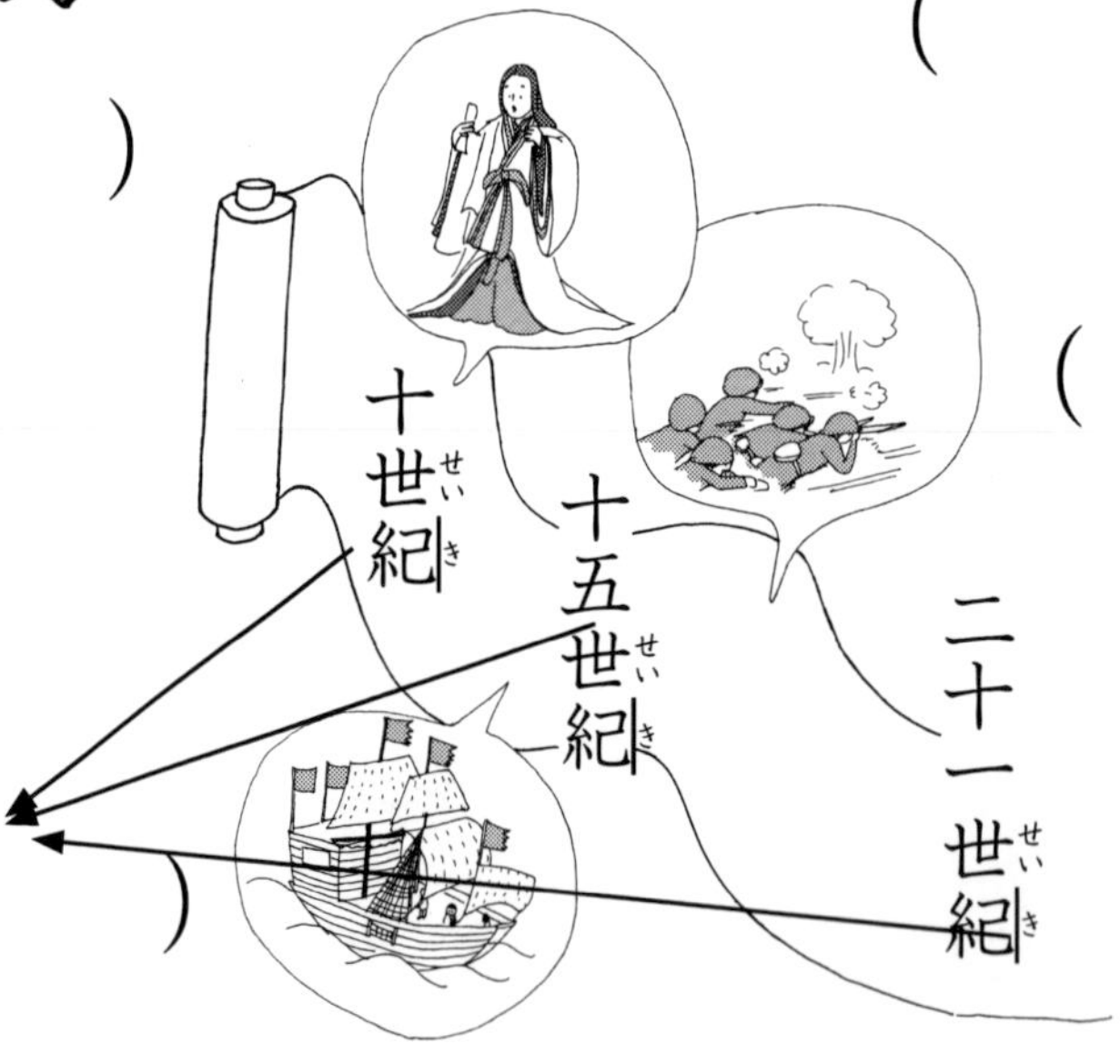

(　　　　)

(　　　　)

一. 勢力
二. 領土
三. 歴史
四. 象
五. 独立
六. 世紀
七. 貧しい

(　　　)　(　　　)

(　　　)

(　　　)

(　　　)　(　　　)

一．永久
二．仏像
三．国境
四．統一
五．武士
六．航海

【読み練習】

1. 京都には　古い仏像が　たくさんある。
2. 武士たちは、自分たちの領土を　守るために戦った。
3. 今のドイツは、千九百九十年に　統一されました。西ドイツと　東ドイツの　国境がなくなって、一つの国になりました。
4. 日本の　憲法《けんぽう》には　永久に　戦争しないと　書いてある。
5. 戦争は　国と国の勢力争いが　原因です。
6. 第二次世界大戦の後、日本はとても貧しかったです。
7. 歴史の本で、アフリカの国ぐにが　千九百六十年代に　独立したと　読んだ。
8. 十五世紀、コロンブスは　航海して　アメリカ大陸を発見した。
9. 戦争の間に　動物園の象が　殺されたという　悲しい話を聞きました。

- 戦《セン》争　戦《たたか》う
- 一《いち》　統一《イツ》
- 戦争《ソウ》　争《あらそ》う
- 次《つぎ》　第二次《ジ》
- 後《うし》ろ　午後《ゴ》　後《あと》
- 立《た》つ　独立《リツ》

ちょっと一休み ～反対の意味の熟語《じゅくご》を覚えよう！～

「不」「未」「無」という漢字には　もとの言葉の意味を、打ち消す働きがあります。

不《ふ》（そうではないこと）

幸福《こうふく》 ↔ 不幸《ふこう》

便利《べんり》 ↔ 不便《ふべん》

戦争のない世界は幸福です。戦争は子どもを不幸にします。

コンピュータができて便利になりました。昔は不便でした。

未《み》（まだ終わっていないこと）

完成《かんせい》 ↔ 未完成《みかんせい》

成年《せいねん》 ↔ 未成年《みせいねん》

先月このビルは完成しました。

となりのビルは工事中です。未完成です。

兄は二十才になりました。成年です。ぼくは、まだ未成年です。

無《む》（ないこと）

関心《かんしん》 ↔ 無関心《むかんしん》

責任《せきにん》 ↔ 無責任《むせきにん》

母はボランティアに関心がありますが、父は無関心です。

日直は欠席した人に、責任を持って連らくしなければなりません。

連らくしないと　無責任になります。

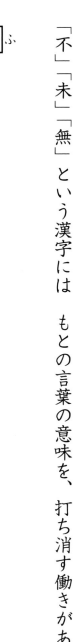

十一課 学校一

校舎《こうしゃ》
男性《だんせい》
教師《きょうし》
授業《じゅぎょう》
保護者《ほごしゃ》
規則《きそく》
プールに入る時
泳ぐ前に シャワーを あびましょう
たいそうを しましょう
泳ぐ時は ぼうしを かぶりましょう
いち、に、さん、し…
職員室《しょくいんしつ》

お母さんに
感謝《かんしゃ》する
お母さん いつも ありがとう
うれしい
虫に 興味《きょうみ》を 持つ
喜《よろこ》ぶ
修学旅行《しゅうがくりょこう》
旅行の 日程《にってい》
夏の旅行
☆北海道☆
8月1日～6日
北海道
東京
期間 行く場所
8月1日～2日 函館
3日～4日 札幌
5日～6日 富良野
準備《じゅんび》
NOTE
弁当《べんとう》
パン粉《こ》
小《こ》麦《むぎ》粉《こ》

(　　　　)

(　　　　)

(　　　　)

(　　　　)

(　　　　)

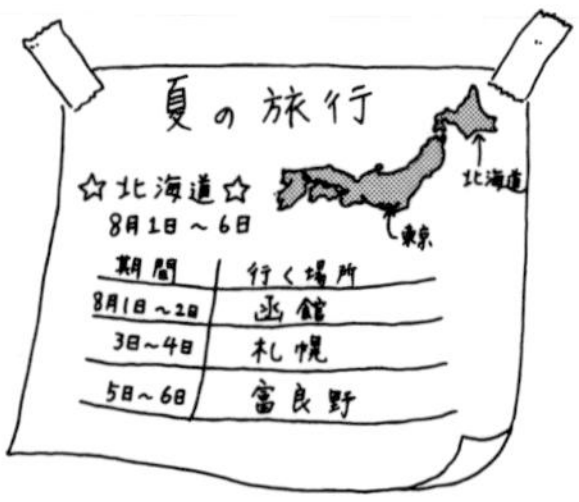

(　　　　)

(　　　　)

①準　備	④職員室	⑦パン粉
②日程表	⑤お弁当	
③校　舎	⑥規　則	

（　　　　）

（　　　　）

（　　　　）

（　　　　）

（　　　　）

（　　　　）

（　　　　）

①感　謝	④授　業	⑥喜　ぶ
②男性教師	⑤虫に興味を持つ	⑦修学旅行
③保護者		

【読み練習】

1. 校舎が　古くなったので、建てかえることに　なりました。
2. お姉さんは　音楽に　興味があるので、毎日　CDを聞いています。
3. 「ろうかを走らない」という規則を　守りましょう。
4. ぼくは　算数の授業が　一番好きです。
5. 修学旅行で　日光《にっこう》へ　行きました。楽しかったです。
6. 「今日の　お弁当は何？」「えびフライ。たまごと小麦粉と
パン粉の準備を　ぼくも手伝ったよ。」

味《あじ》
興味《ミ》

7. 修学旅行の日程は、　十月三日から　十月五日までです。

8. わたしの学校には　男性の教師が八人、　女性の教師が二十人います。

9. 来週の水曜日は　保護者会です。お父さんやお母さんが　学校に来て、　先生と
ぼくたちのことを　話し合います。

10. 学校にある　先生たちの部屋《へや》を　職員室といいます。

11. トム君のお父さんは　おぼれている人を助けたので、　感謝状をもらいました。

12. お母さんに　花束を　あげたら、　喜んでくれました。

男《おとこ》
男《ダン》性

女《おんな》
女《ジョ》性

十二課 学校二

制服《せいふく》

卒業証書《しょうしょ》をもらう

給食費《きゅうしょくひ》

総合《そうごう》の 時間

泳ぎ方の 指導《しどう》

宿題を 提出《ていしゅつ》する

評価《ひょうか》

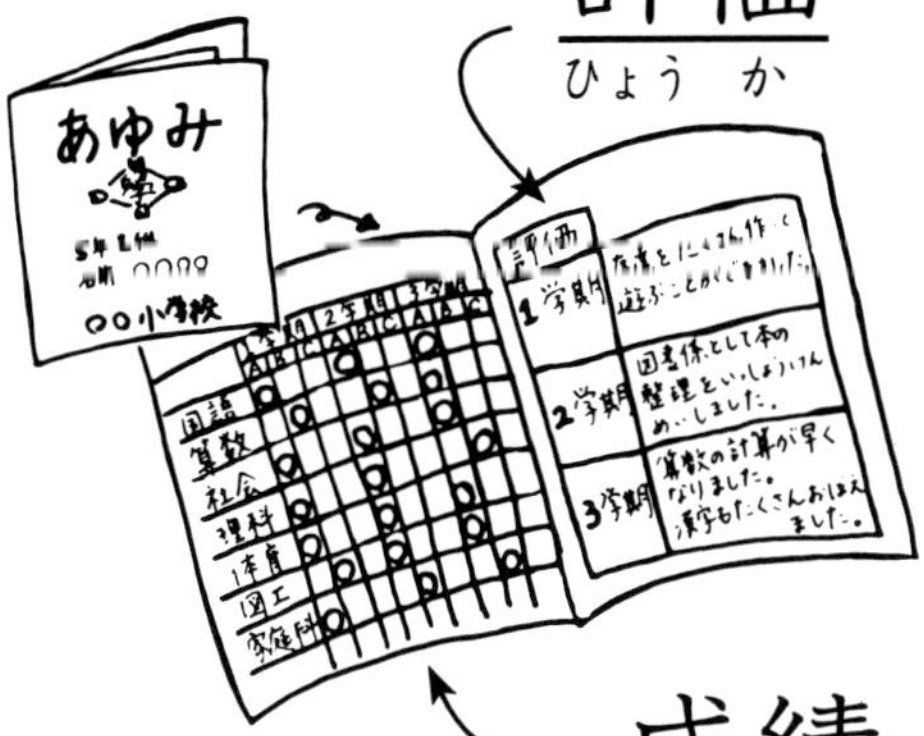

成績《せいせき》

現在《げんざい》

過去《かこ》

未来

いろいろな 特技《とくぎ》

いい 態度《たいど》と 逆《ぎゃく》の 悪い 態度

講演《こうえん》を 聞く

知識《ちしき》が 増える

(　　　　)

(　　　　)

(　　　　)

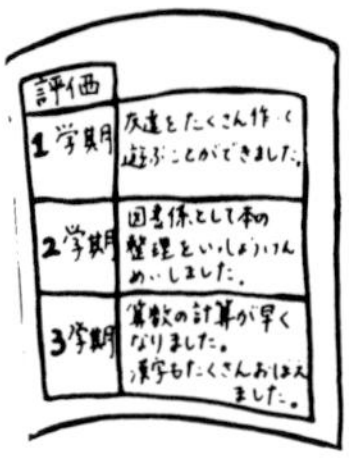

(　　　　)

(　　　　)

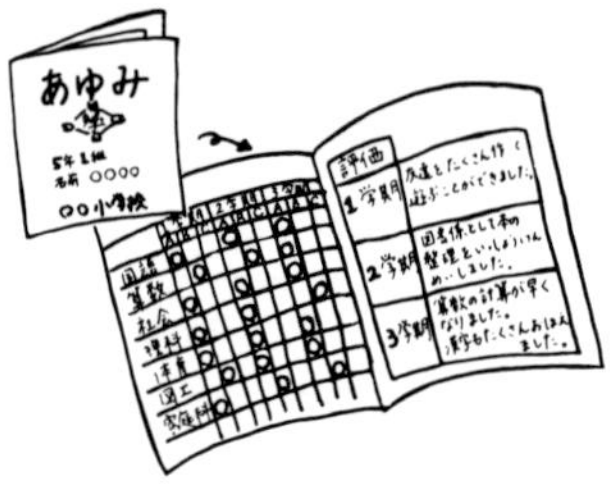

(　　　　)

(　　　　)

(　　　　)

①総合の時間	③給食費	⑥評　価
	④制　服	⑦成　績
②提　出	⑤卒業証書	⑧現　在

(　　　)　(　　　)　(　　　)

(　　　)　(　　　)

(　　　)　(　　　)

(　　　)

①指　導	④道徳の時間	⑦勉強の態度
②逆の方向	⑤特　技	⑧過　去
③講　演	⑥知　識	

【読み練習】

1. ぼくたちの学校には　制服があります。
2. お兄さんの　特技は　さかだちです。
3. よく勉強したので、成績が　上がりました。
4. 授業中の態度が悪いと　先生に　しかられます。
5. 総合学習の時間に　外国の文化について　習いました。
6. あしたまでに　夏休みの宿題を　提出しなければ　なりません。

上《うえ》
上《あ》がる

合《あ》う
総合《ゴウ》

外《そと》
外《ガイ》国

7. 勉強したり、本を読んだりすると、知識が増えます。

8. 給食費は　一か月いくらですか。

9. 評価のところに「よく　がんばりました。」と　書いてありました。

10. 講演とは、多くの人の前で　話をして聞かせることです。

11. 一年生の弟は、くつを　逆にはきます。右と左が反対です。

12. 学校におまわりさんが来て、校庭で交通指導をしました。

13. 六年生は、卒業式に　校長先生から　一人ずつ　卒業証書を　もらいます。

14. 歴史の授業で、日本の過去から　現在まで　学《まな》んでいます。

校庭《テイ》　庭《にわ》

十三課 生活一

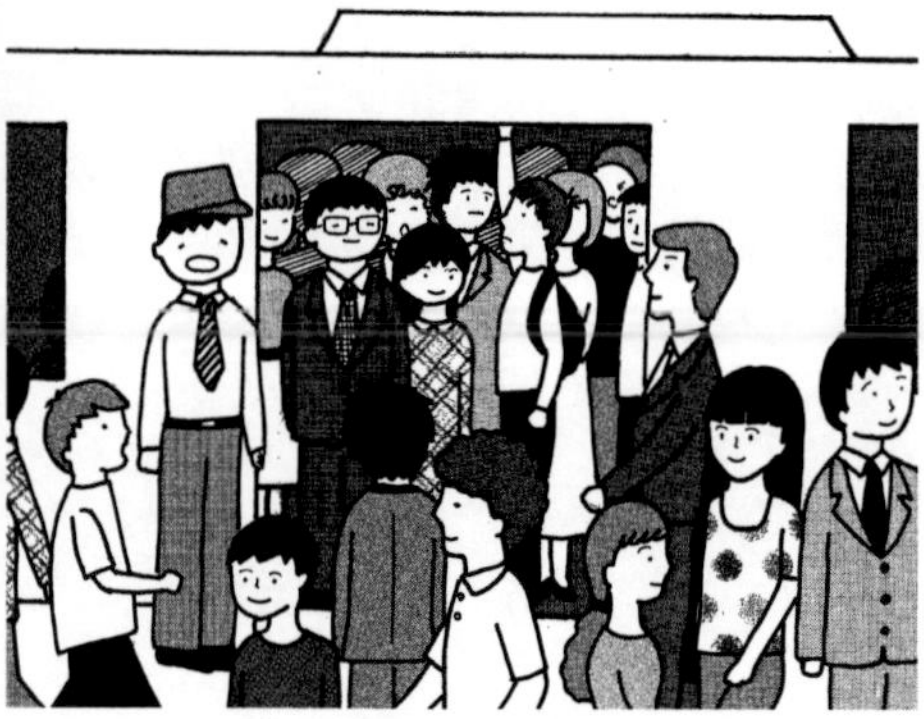

混《こん》雑《ざつ》

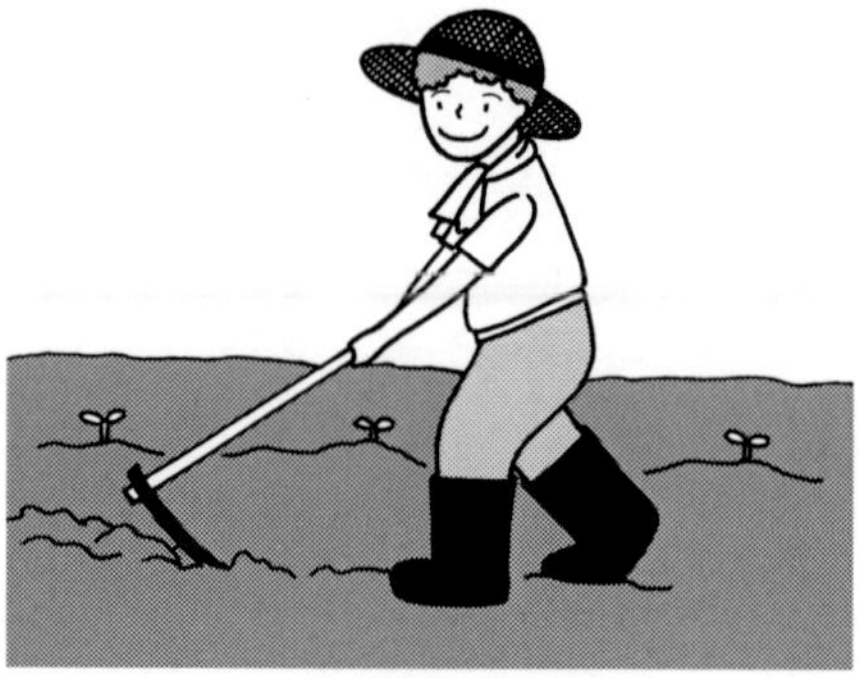

耕《たがや》す

編《あ》む

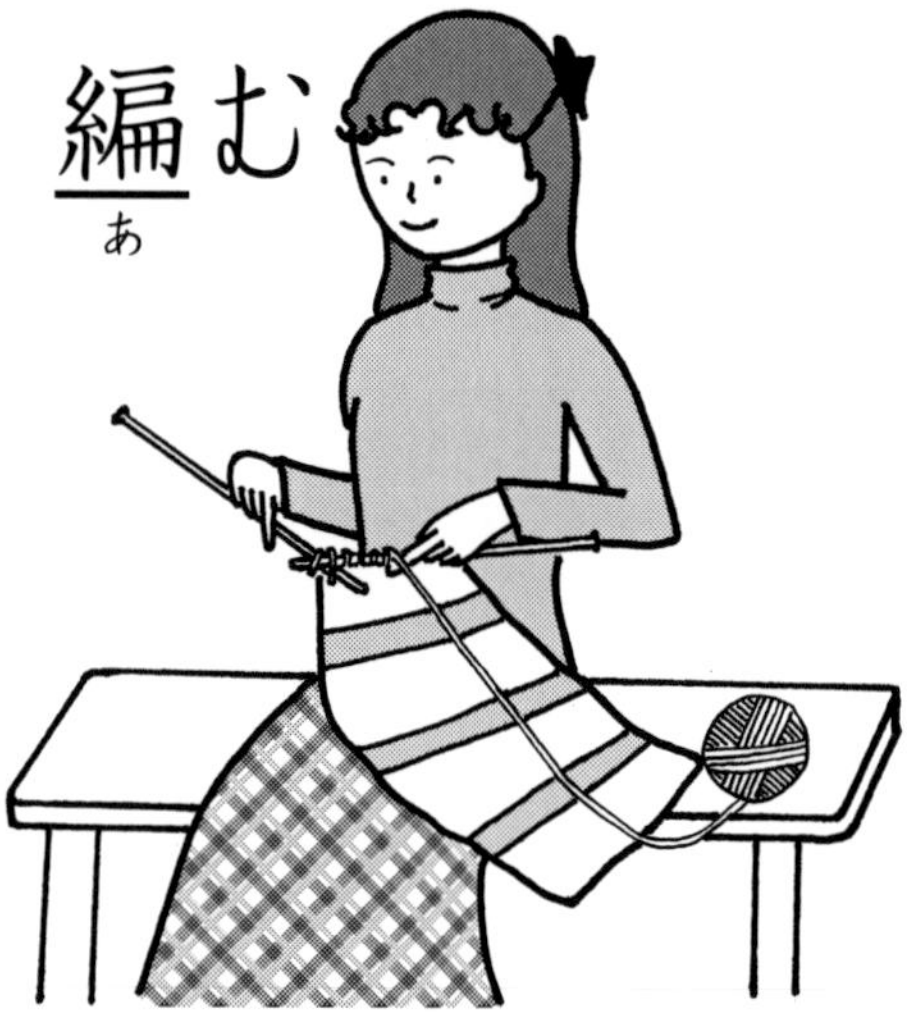

禁《きん》止《し》

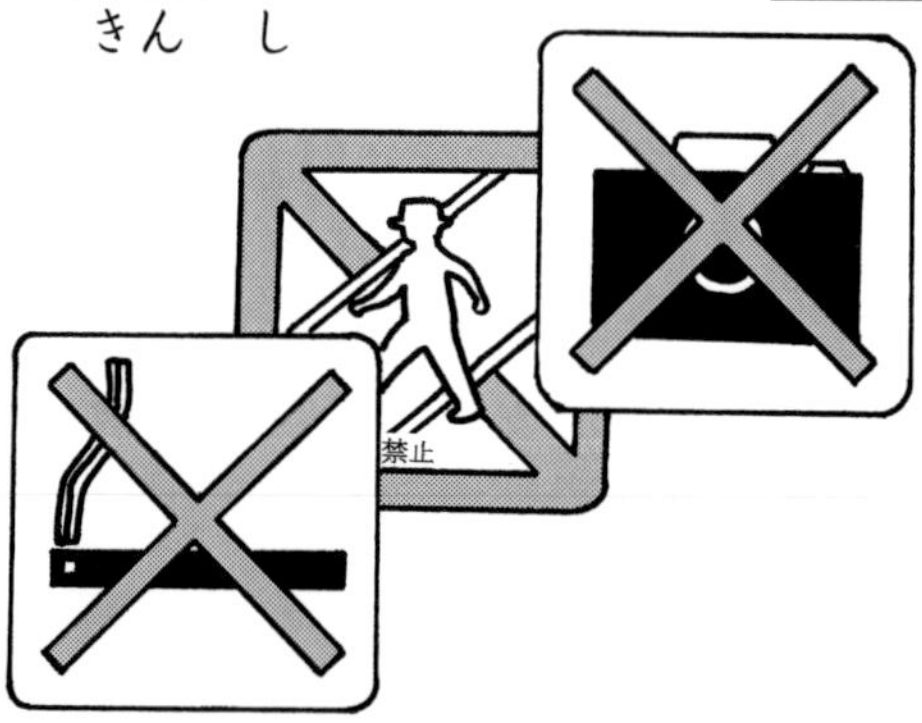

編《あ》み物《もの》が 得《とく》意《い》

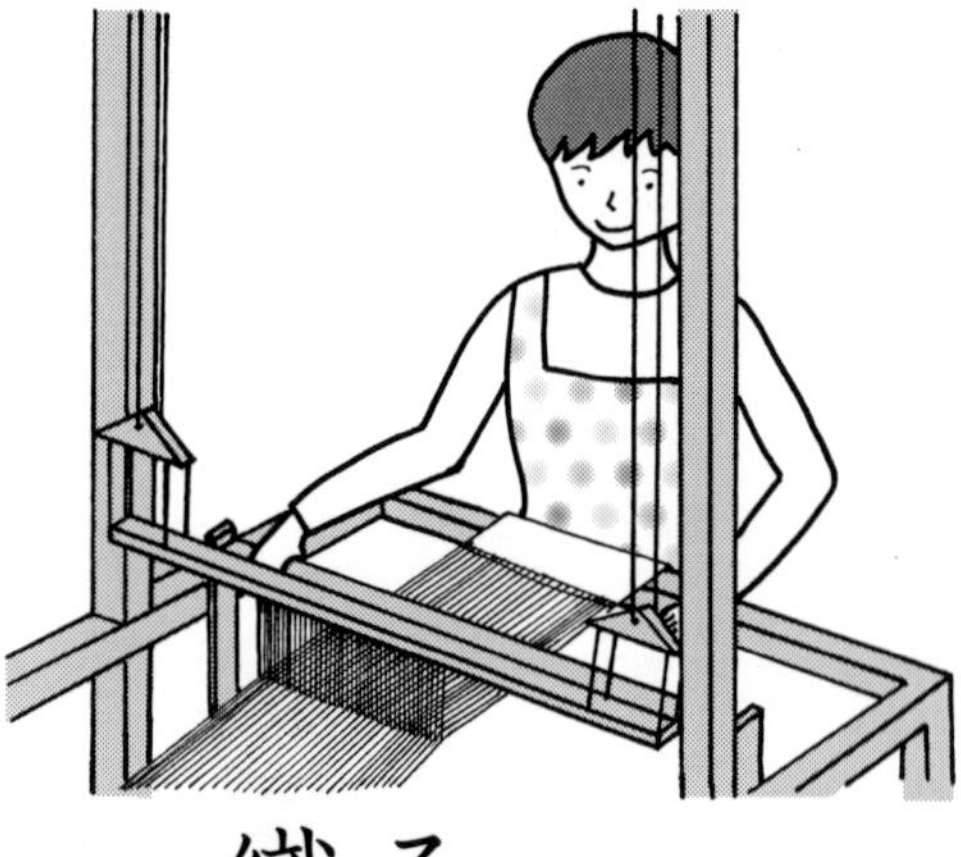

織《お》る

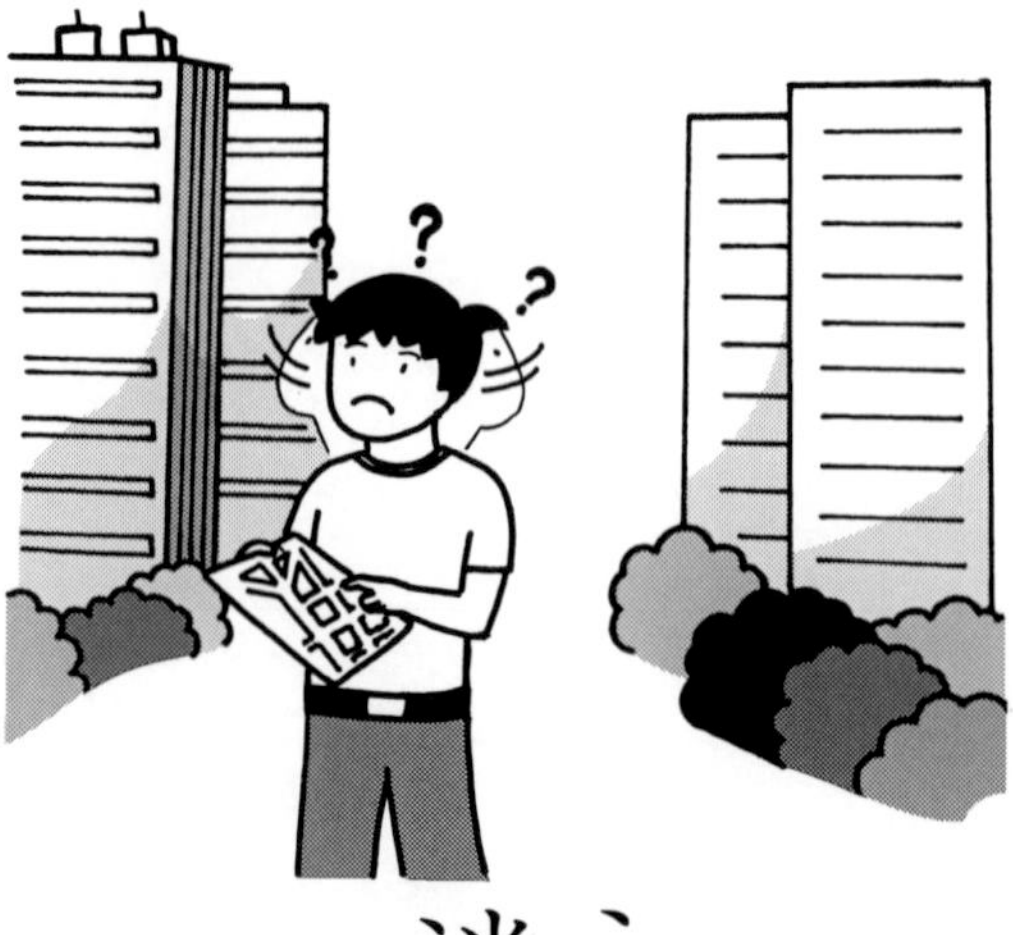

迷《まよ》う

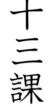

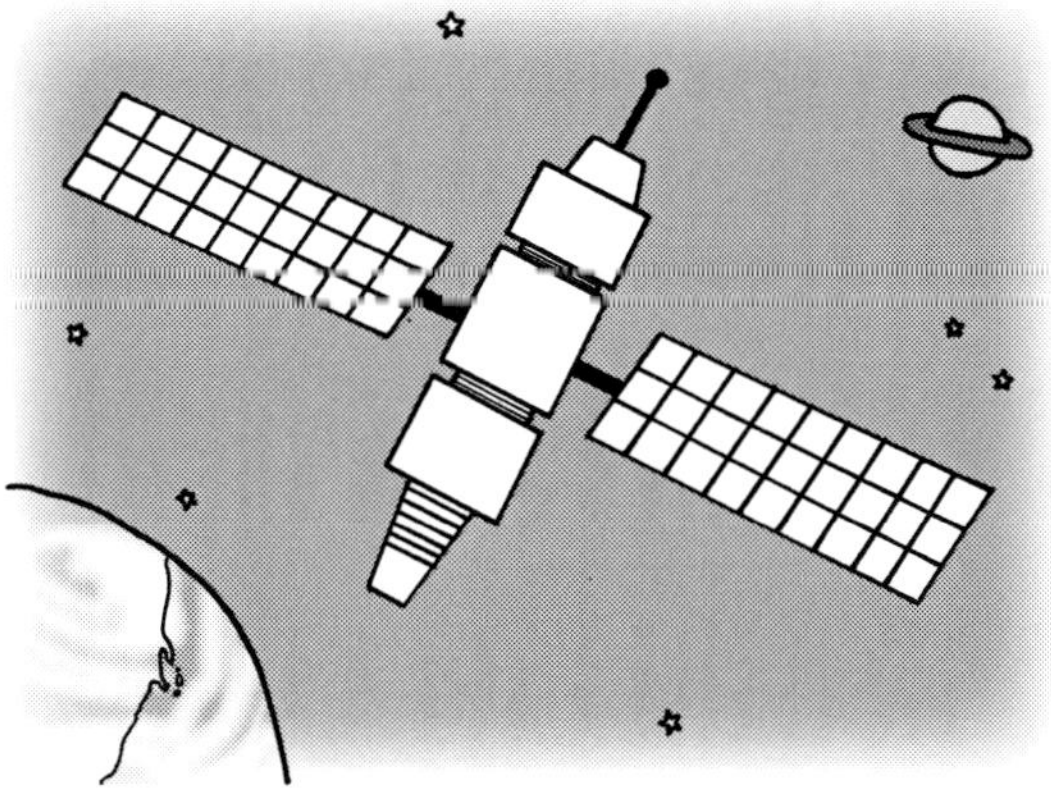

人《じん》工《こう》衛《えい》星《せい》

ケーブルで往《おう》復《ふく》する

広《こう》告《こく》

バスの 停《てい》留《りゅう》所《じょ》
(バス停《てい》)

大型《おおがた》トラック

(　　　　)

(　　　　)

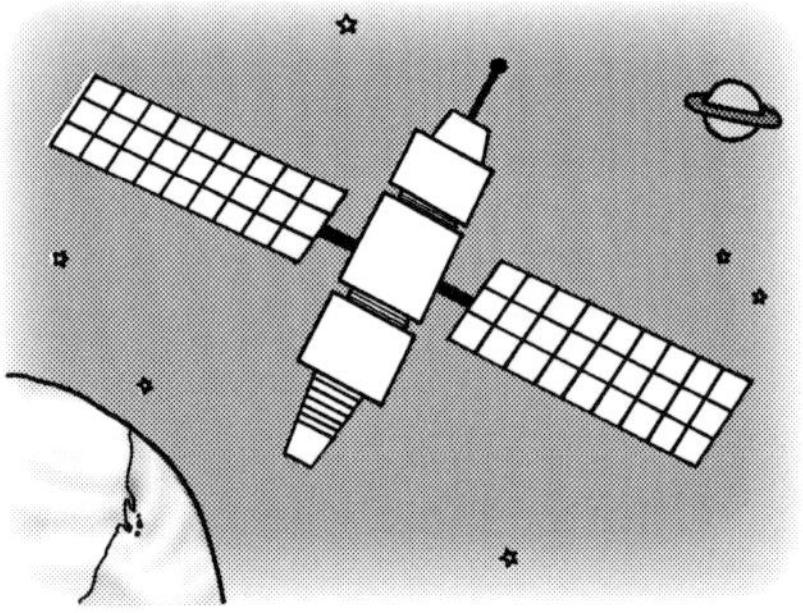

(　　　　)

(　　　　)

(　　　　)

(　　　　)

①禁　止	④停留所
②往　復	⑤人工衛星
③耕　す	⑥得　意

(　　　　)

(　　　　)

(　　　　)

(　　　　)

(　　　　)

(　　　　)

(　　　　)

①編　む	④織　る	⑦広　告
②迷　う	⑤食　券	
③混　雑	⑥大型トラック	

【読み練習】

1. 東京駅は　いつも　混雑しています。広くて、出口が分からなくて　迷ってしまいました。
2. お母さんは　いつも　新聞の広告で　スーパーの安売りを　見ています。
3. ぼくが　あした東京に行くので、お父さんが　往復きっぷを　買ってくれました。
4. バス停というのは、バスの停留所を　短くした言い方です。
5. 美術館は　撮影《さつえい》禁止ですから、写真をとっては　いけません。
6. 今までに　人工衛星を　いくつぐらい　打ち上げたか、知っていますか。

方《ホウ》
言い方《かた》

美《うつく》しい
美《ビ》術館

星《ほし》
衛星《セイ》

7. この町は　きぬの織物が　さかんで、大きな織物工場があります。

8. おばあさんは　編み物が　得意です。
このセーターは　おばあさんが　編んでくれました。かわいいでしょう。

9. 昔の人は　くわや　すきという　道具を　使ったり、牛を　使ったりして　田や
畑を耕していました。今は　ほとんど　機械で　耕しています。
農業も　方法が　変わりました。

10. 学校の前に　大型トラックが
止まっています。

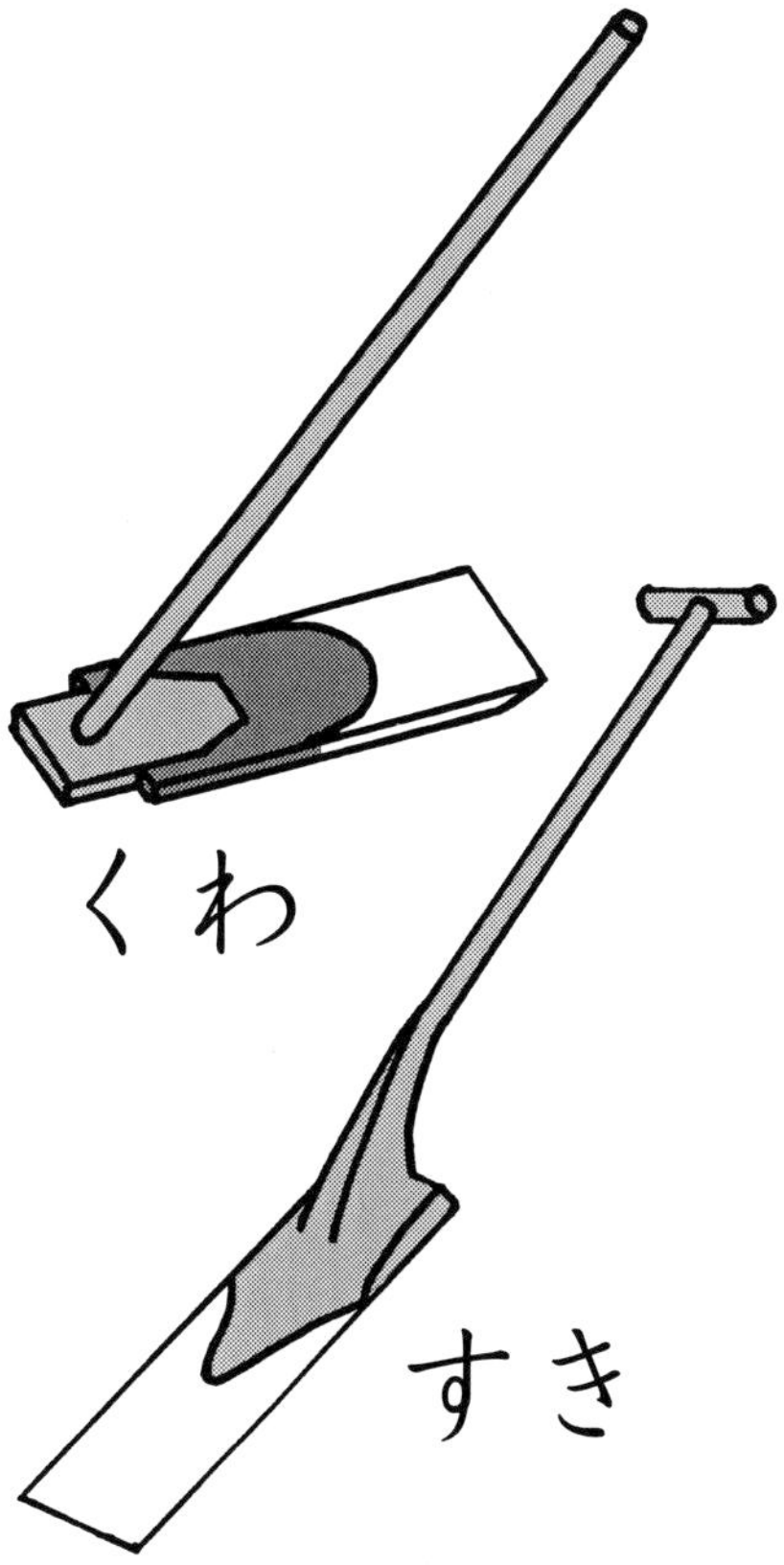

十四課 生活二

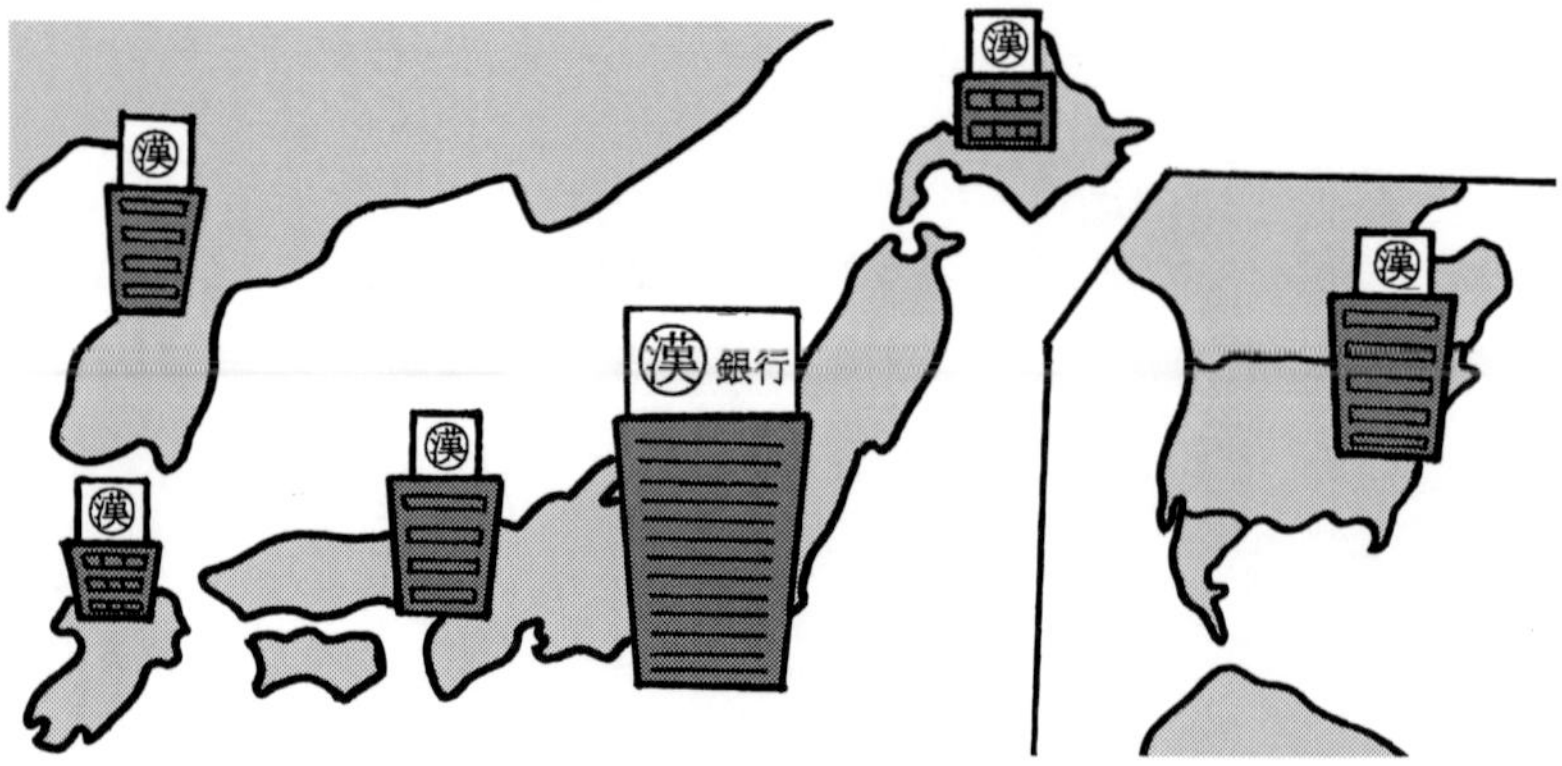

この銀行の支店《してん》は
外国にも ある

設計図《せっけいず》

新築《しんちく》の 家

起きて すぐ
朝刊《ちょうかん》を 読む

いろいろな 燃料《ねんりょう》

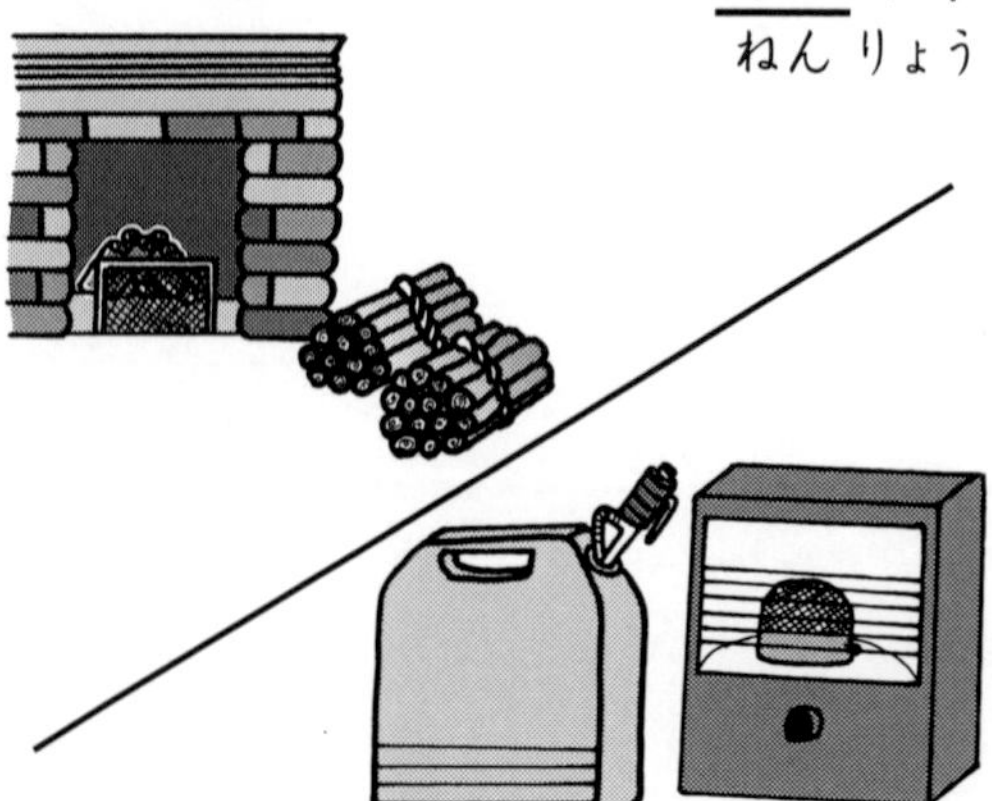

木造《もくぞう》の 家

習慣《しゅうかん》

災害《さいがい》

非常口《ひじょうぐち》

営業中《えいぎょうちゅう》の 店

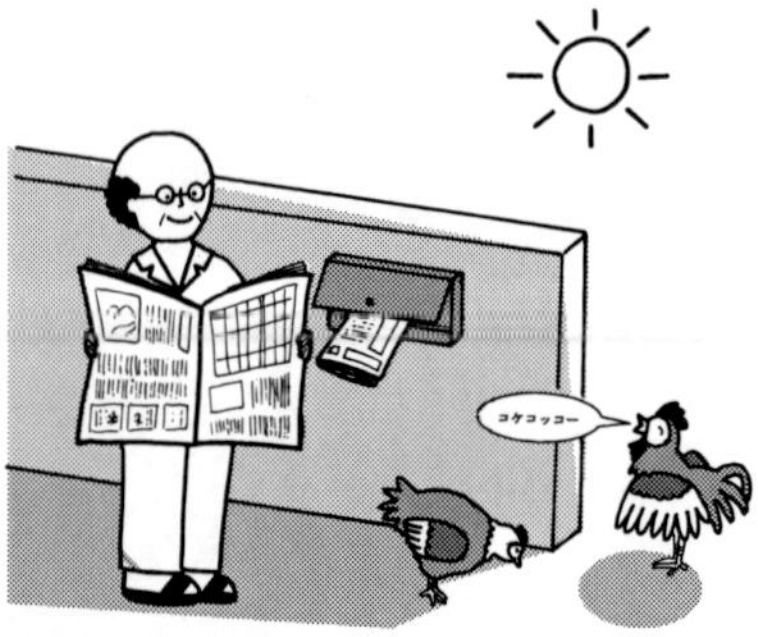

•　•営業中

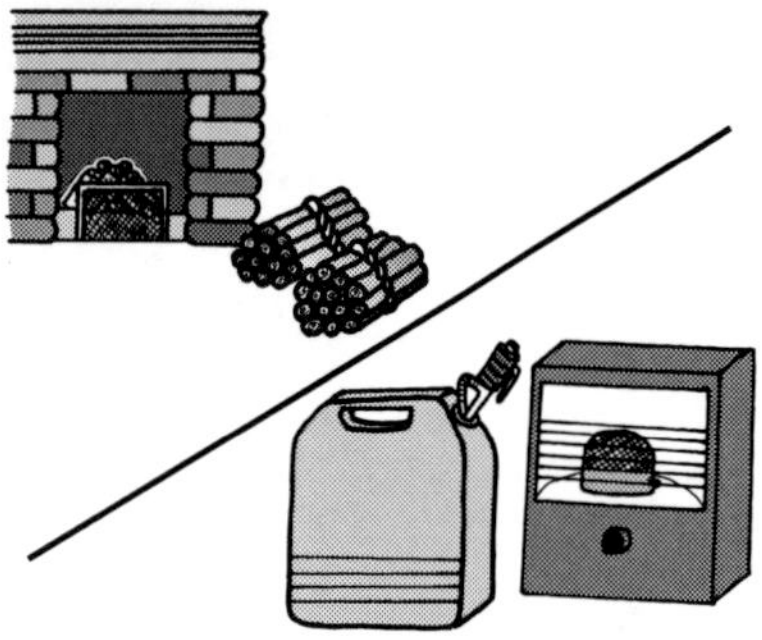

•　•朝刊

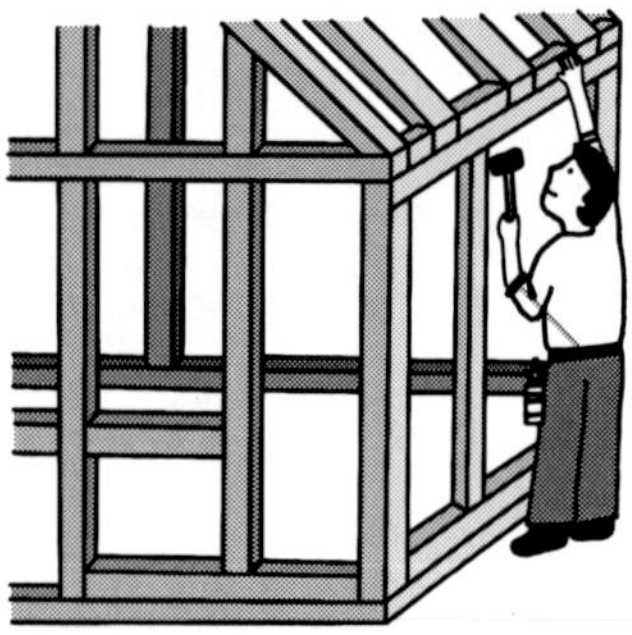

•　•習慣

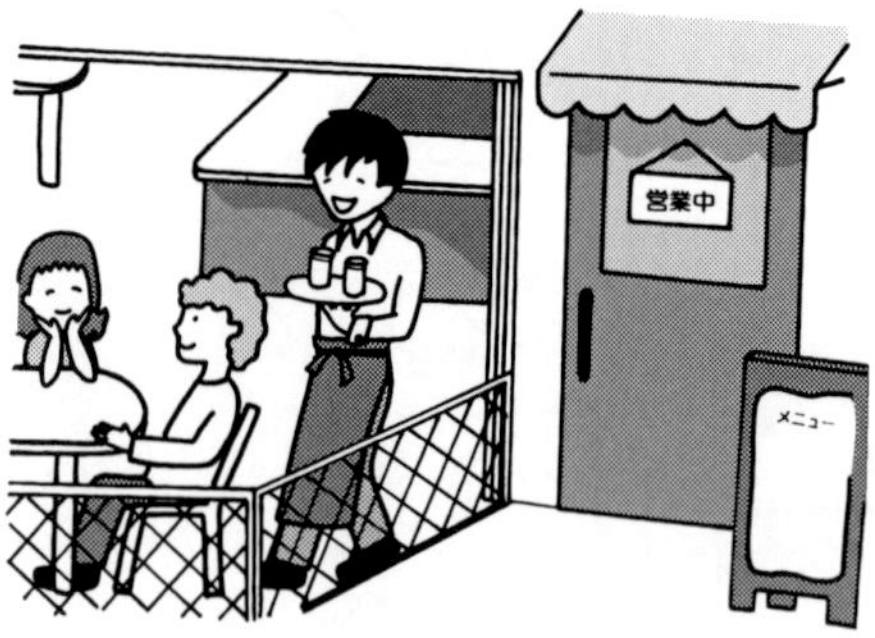

•　•燃料

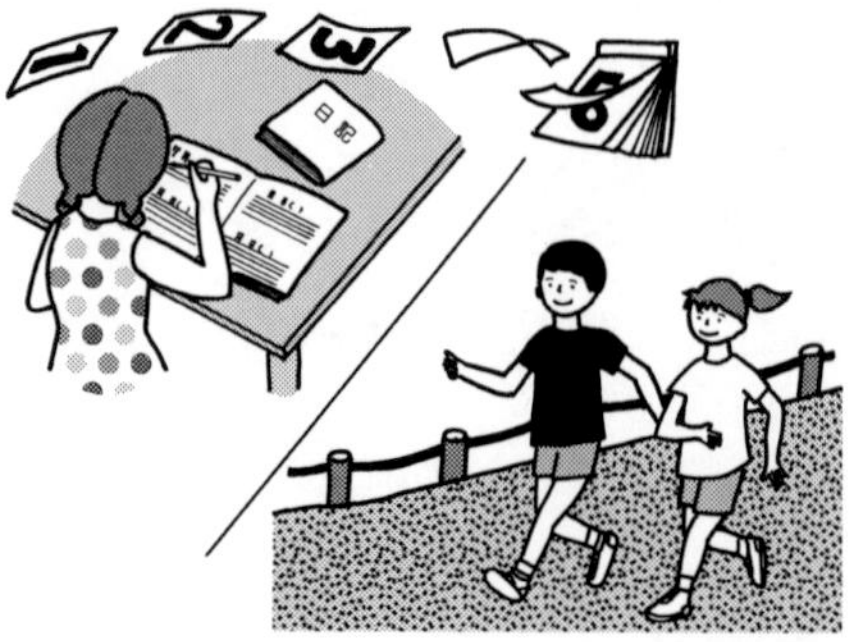

•　•木造

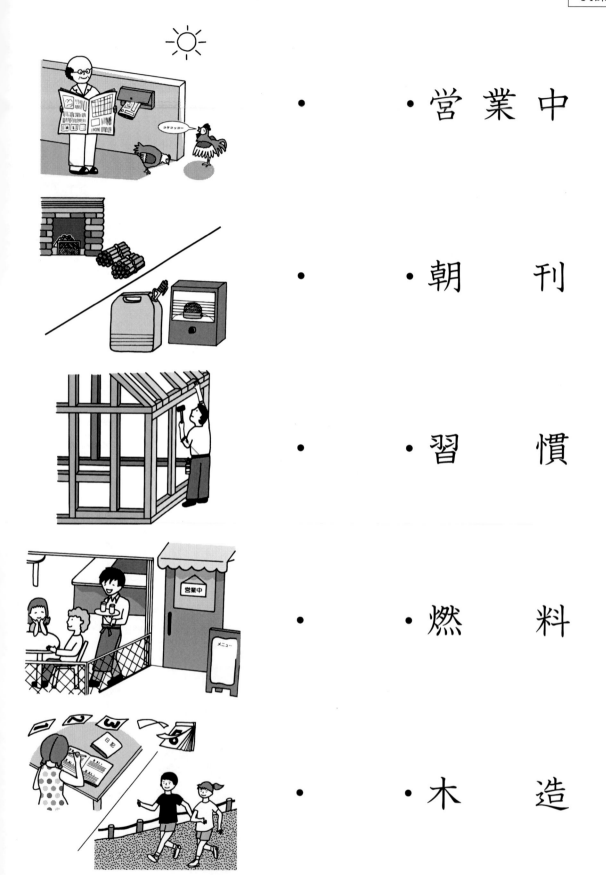

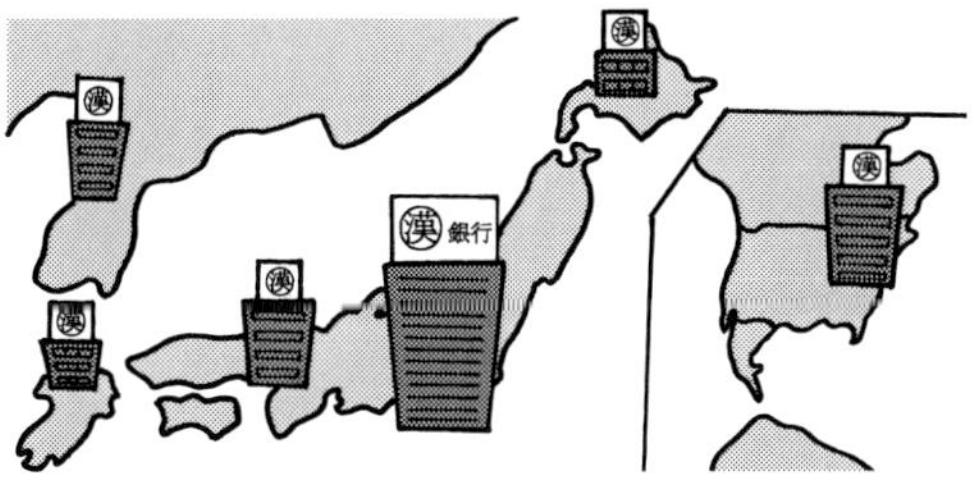

・　・災　害

・　・設　計

・　・新　築

・　・支　店

・　・非常口

【読み練習】

1. 毎朝　新聞の朝刊を読んでから　会社に行くのが　お父さんの習慣です。

2. 燃料の灯油が　切れてしまった。買いに行かなきゃ。
ガソリンスタンドは　まだ営業しているかな。

3. この銀行の支店を　設計した人はだれですか。

4. 災害の時は、この非常口から出てください。

5. 木造　三階建ての家を　新築しました。ぜひ、遊びに来てください。

朝《あさ》
朝《チョウ》刊

油《あぶら》
灯油《ユ》

建《た》てる
三階建《だ》て

書き学習

一課　体と健康

6	9	12	15
因《いん》	査《さ》	検《けん》	潔《けつ》

原因	検査	検さ	清潔
丨 冂 冃 冈 因 因	一 十 才 木 本 杏 杳 査	一 才 木 朩 朩 桧 検 検	氵 氵 氵 洼 泸 泅 渫 潔
原因は　食べすぎです。	血えき検査を　する。	目の　検さを　する。	清潔な　ハンカチ。

眼《がん》

11

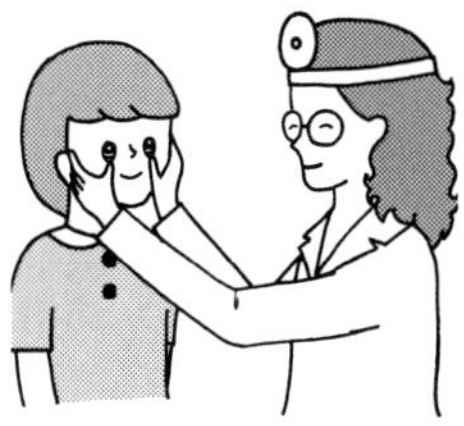

冂 月 目 目' 目ヨ 眼 眼 眼

眼科

眼科で 目を 治す。

液《えき》

11

氵 氵 氵' 汸 汸 液 液 液

血液

血液は 血のことです。

採《さい》

11

一 十 扌 扌' 扌' 扌 採 採 採

採血

病院で 採血を する。

術《じゅつ》

11

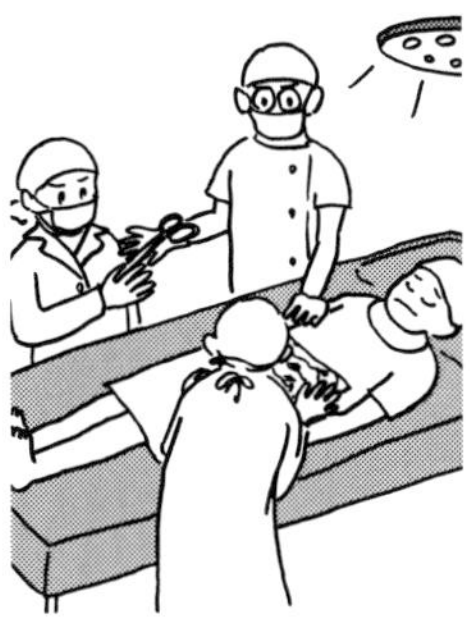

ノ 彳 行 行 休 徐 術 術

手術

手術を 受ける。

11	10	8	9
救《きゅう》	脈《みゃく》	効《き》く	故《こ》

救急車	脈	効く	事故
扌 才 求 救	月 肵 肵 脈 脈	丶 亠 亡 六 交 交 効 効	一 十 古 古 古 古 故 故
救急車を よびました。	脈を はかってみましょう。	薬が 効いて 治った。	交通事故に 気を つけて。

【書き練習】

1. 一分間に　何回□《みゃく》を□《う》つか　はかりましょう。

2. □《がん》□《か》で□《め》の□《けん》□《さ》を　しました。□《みぎ》も□《ひだり》も　一・二　でした。

3. おじいさんは□《しゅ》□《じゅつ》の前に、□《さい》□《けつ》をして、□《けつ》□《えき》型《がた》を□《しら》べます。

4. 雨に　ぬれたのが□《げん》□《いん》で、かぜを　ひいてしまいました。でも　よく□《き》く□《くすり》をのんだので　すぐ□《なお》りました。

手《て》　手《シュ》術

血《ち》　血《ケツ》液

原《はら》　原《ゲン》因

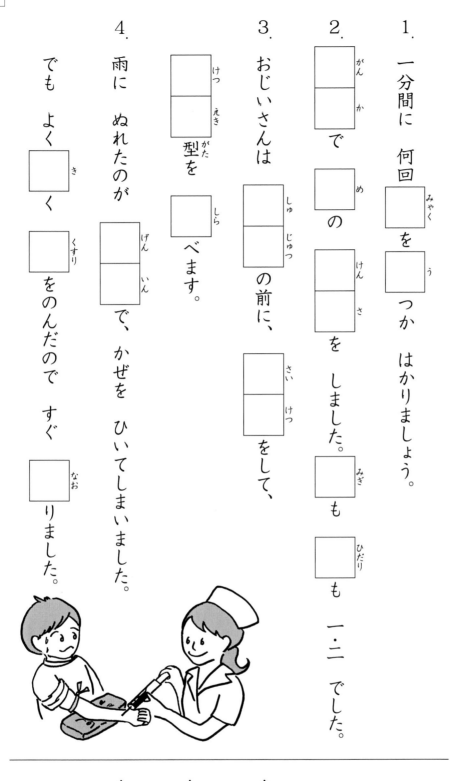

5.　「□《からだ》を□《せい》□《けつ》に　しておかないと、
□《びょう》□《き》に　なりますよ。」と　お母さんが　言います。

6.　あの□《くるま》いすに□《の》っている人は、
□《じ》□《どう》□《しゃ》□《じ》□《こ》で　足を□《お》ったそうです。

7.　□《きゅう》□《きゅう》□《しゃ》を□《よ》ぶときと
□《か》□《じ》のときは　119番に　電話します。

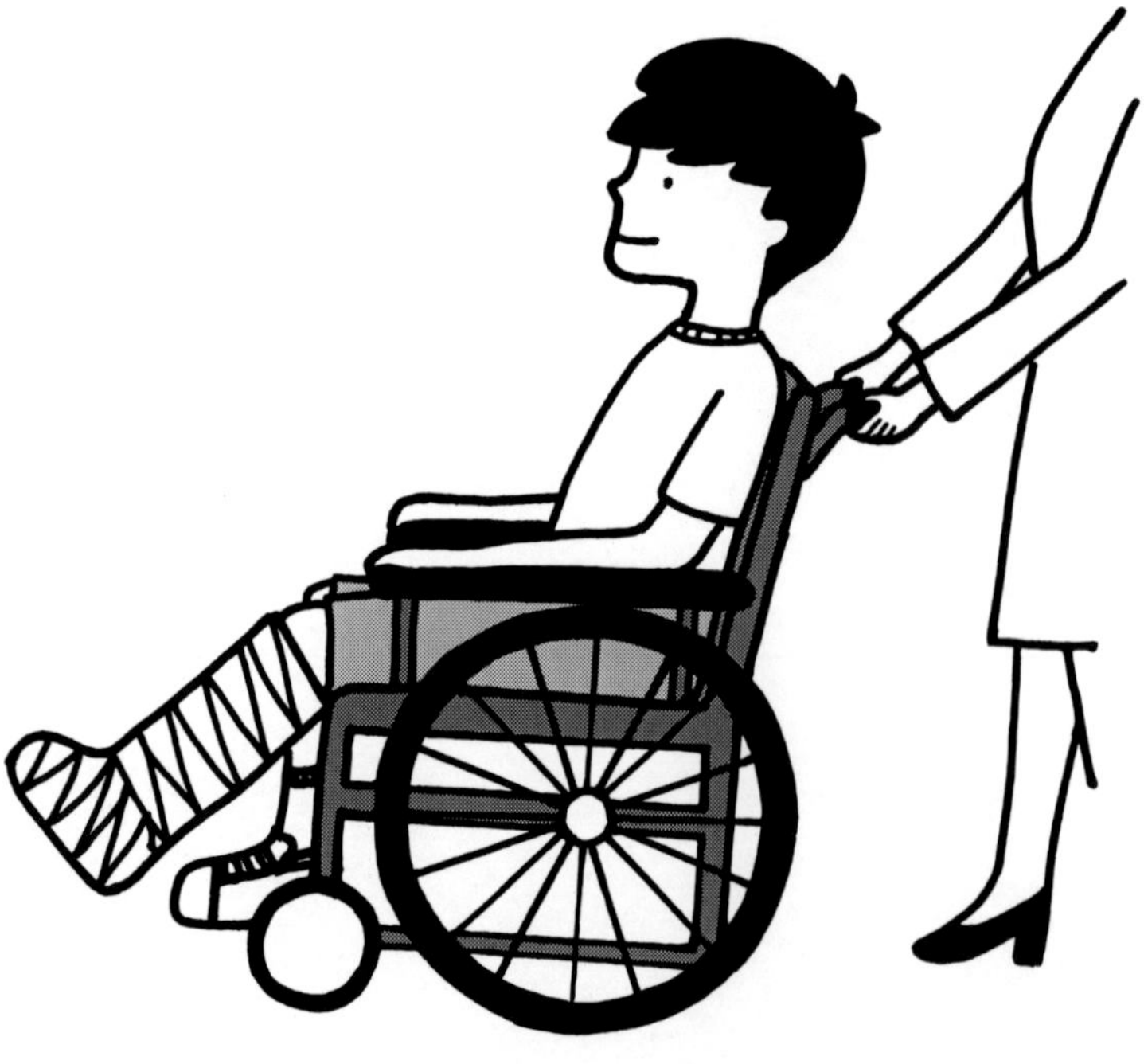

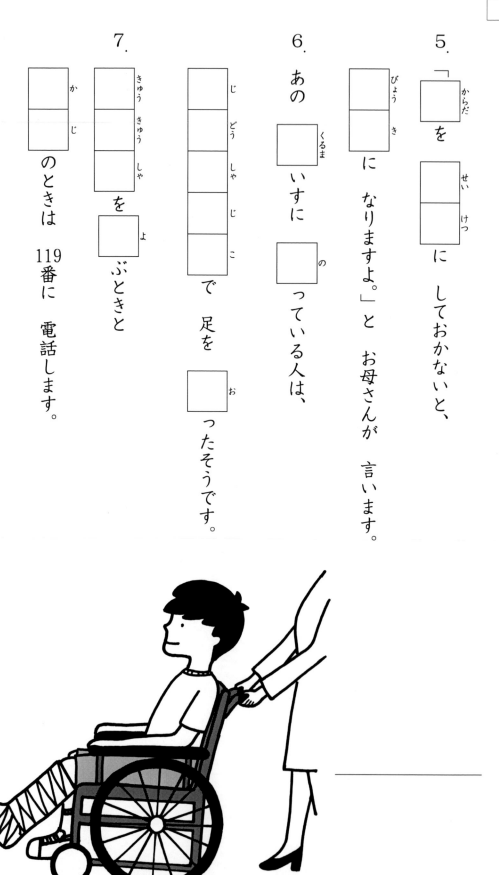

病院のいろいろな科

外科《げか》　けがをしたとき　行きます。
内科《ないか》　おなかがいたいときや、かぜをひいたとき　行きます。
小児科《しょうにか》　子どもが病気のとき　行きます。
耳鼻科《じびか》　プールで耳に水が入ったり、耳がいたいときや、鼻が悪いとき　行きます。

いろいろな読み方3「物」

動物《どうぶつ》　動物園に行って　パンダを見た。
食べ物《たべもの》　お米は　おいしい食べ物です。
食物《しょくもつ》　健康にいい食物を　食べましょう。

二課 自然

河《か》

8

、 ⺀ 氵 汀 汀 沔 沔 河

河口

河口は 川が 海や 湖へ 出る所。

険《けわ》しい

11

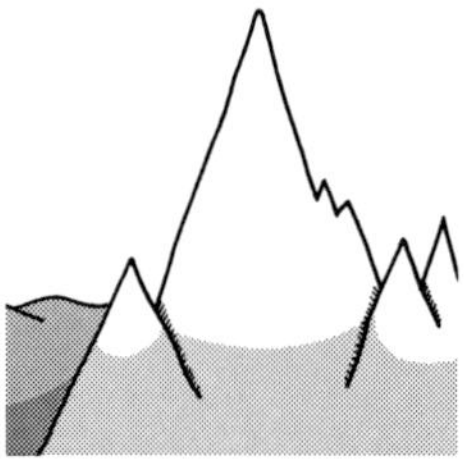

了 阝 阝 阶 阾 险 険 険

険しい

険しい山に 登った。

報《ほう》

12

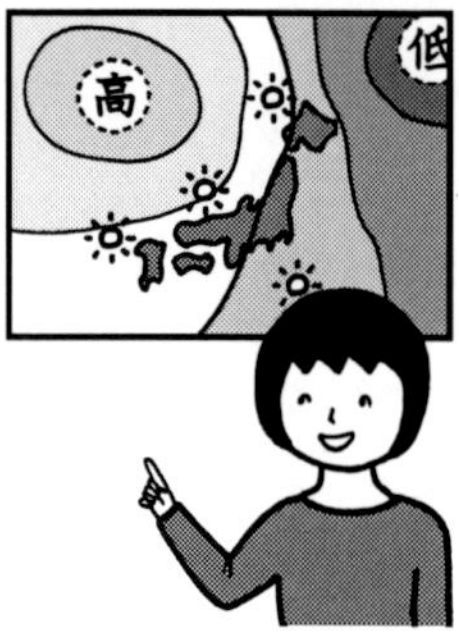

一 十 土 去 幸 𠦒 𠦒 報

予報

天気予報を テレビで 見る。

圧《あつ》

5

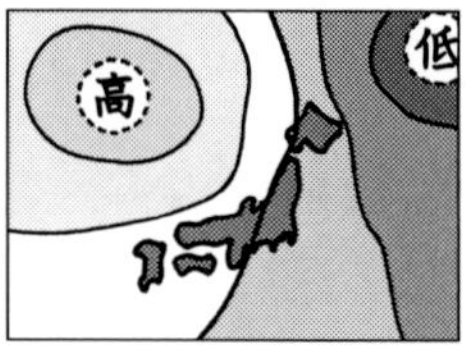

一 厂 厈 厈 圧

気圧

気圧が 高いと 天気が いい。

10	13	8	14
桜《さくら》	幹《みき》	枝《えだ》	酸《さん》
		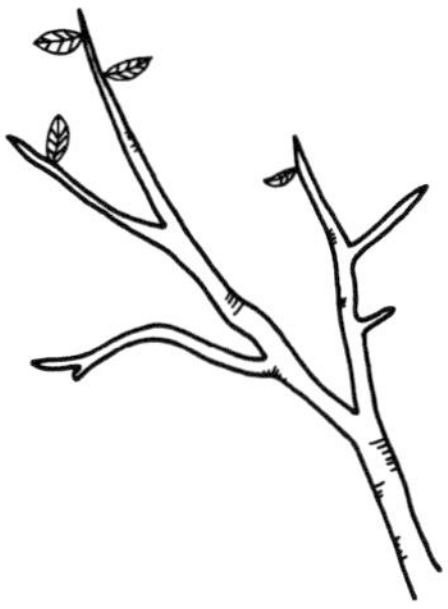	
一 十 才 木 朩 松 桜 桜	一 十 古 直 卓 幹 幹 幹	一 十 才 木 杧 杆 枝 枝	一 冂 西 酉 酉ム 酢 酸 酸
桜	幹	枝	酸
日本では 春になると 桜が さく。	太い 幹。	細い 枝。	酸そが ないと 生きられない。

8	8	7	10
毒《どく》	肥《ひ》	快《かい》	素《そ》
		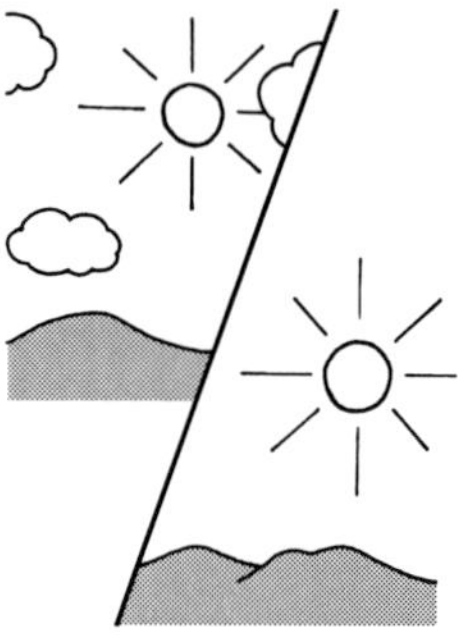	
龶 毐 毒 毒	丿 刀 月 月 肌 肌 肥 肥	丶 丷 忄 忄 忄 快 快	一 十 龶 耒 耒 耒 素 素
毒	肥料	快晴	素
コブラには 毒が あります。	畑に 肥料を まく。	雲一つない 青空だ。 快晴だ。	酸素ボンベを せおって もぐる。

10

殺《ころ》す

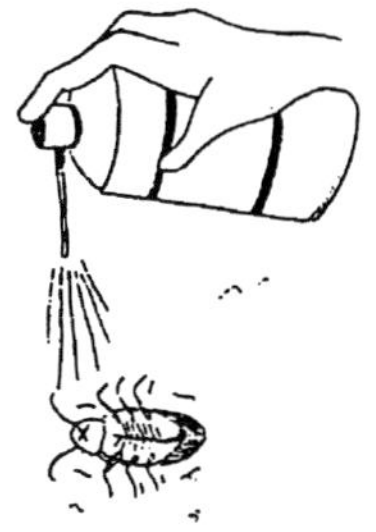

殺す

ㄨ 杀 杀 杀 殺

薬で 害虫を 殺した。

【書き練習】

1. きのう、お父さんと □□《かこう》の □《ちか》くで つりを した。
2. □《けわ》しい山道に きれいな □《さくら》が さいていた。
3. □□□□《てんきよほう》によると、あしたも あさっても □□《かいせい》だそうだ。
4. □□《ひりょう》を やったので、□□《やさい》が たくさん とれました。

口《くち》
河口《コウ》

晴《は》れ
快晴《セイ》

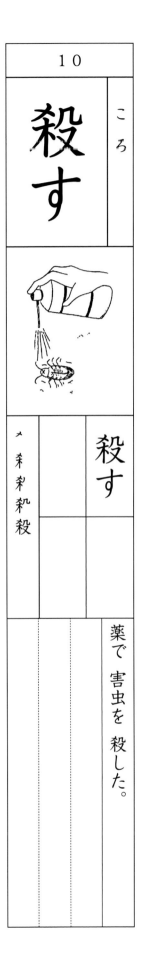

5. トマトを□《う》えたら、□《がい》□《ちゅう》がついたので、□《ころ》しました。

6. あたたかい国では、木の□《みき》も□《えだ》も□《はや》く□《ふと》くなるんだよ。

7. □《さん》□《そ》をすうと、□《げん》□《き》になるって　ほんとう？

8. □《き》□《あつ》が□《ひく》くなると、□《てん》□《き》が□《わる》くなるんだって。

9. まむしや　コブラは□《どく》を□《も》ったへびです。

クイズ(六)　何というのかな。

上の文を読んで何というのか、下から言葉《ことば》をえらんで（　　）の中に漢字を書きましょう。

1. 雲一つない、いい天気のこと。何というのかな。（快晴）
2. これがないと生きられないよ。何というのかな。（　　）
3. 水のほかに木や花にやるもの。何というのかな。（　　）
4. 調べること。何というのかな。（　　）
5. 日本で一番有名な花は　何という花かな。（　　）
6. 今、自動車とバスがぶつかった！ 何というのかな。（　　）
7. 鳥や動物が　なかまといっしょにいること。何というのかな。（　　）
8. A型、B型、O型、AB型、四つあるよ。何というのかな。（　　）

① さくら
② む（れ）
③ こうつうじこ
④ ~~かいせい~~
⑤ けつえきがた
⑥ さんそ
⑦ けんさ
⑧ ひりょう

三課 家族

13	13	10	9
夢《ゆめ》	資《し》	格《かく》	祖《そ》

夢	資	格	祖
一 艹 苎 苗 苗 茜 夢 夢	丶 冫 冫 次 洊 資 資 資	一 十 オ 木 杉 枚 格 格	丶 ラ ネ ネ 礻 初 祖 祖
夢	資かく	資格	祖父
空をとぶ 夢を 見た。	資かくを 取る。	小学校の 先生の 資格。	祖父。

11	11	11	8
経《けい》	年寄《よ》り	移《うつ》る	居《い》

経験	年寄り	移る	居間
幺 幺 糸 糸 紀 経 経 経	宀 宀 宀 宊 宔 寄 寄 寄	二 千 禾 禾 秒 移 移 移	フ コ 尸 尸 尸 居 居 居
祖父は　いろいろな　経験をした。	お年寄りに　席を　ゆずる。	ブラジルから　日本へ　移って来た。	居間に　集まる。

8

妻《つま》

妻

一 ヨ ヨ ヨ 事 妻 妻 妻

お母さんは お父さんの 妻です。

11

婦《ふ》

夫婦

く 女 女 妇 妇 婦 婦 婦

夫婦で 旅行に 出かけました。

7

似《に》る

似る

ノ イ 亻 化 似 似 似

顔が 似ている。

14

飼《か》う

飼う

𠆢 今 今 食 飣 飼 飼 飼

犬を 飼っています。

13

墓《はか》

墓

一 艹 芇 昔 荁 莫 墓 墓

お墓まいりに 行きました。

10

財《ざい》

財産

丨 冂 月 目 貝 貝一 財 財

祖父は 多くの 財産を 持っている。

14

精《せい》

精神

丷 半 米 米一 米十 米圭 精 精

体と 精神を きたえる。

【書き練習】

1. □《きょ》□《ねん》なくなった　おばあさんの　□《ゆめ》を見ました。□《あ》いたいな。

2. 花を□《も》って、お□《はか》まいりに　行った。

3. お母さんは　お父さんの　□《つま》です。

4. □《いぬ》を□《つ》れて　□《ふう》□《ふ》で　□《さん》□《ぽ》する。

5. □《そ》□《ふ》は　□《おお》くの　□《ざい》□《さん》を　□《のこ》してくれた。

6. □《なつ》□《やす》みに　一人で　□《ほっ》□《かい》□《どう》の　おばあさんの　ところへ　行った。□《はじ》めての　□《けい》□《けん》だった。

7. おじさんは　□《べん》□《きょう》して　パイロットの　□《し》□《かく》を　□《と》った。

会《カイ》社
会《あ》う

連《レン》らく
連《つ》れる

散《ち》る／歩《ある》く
散《サン》歩《ポ》

父《ちち》
祖父《フ》

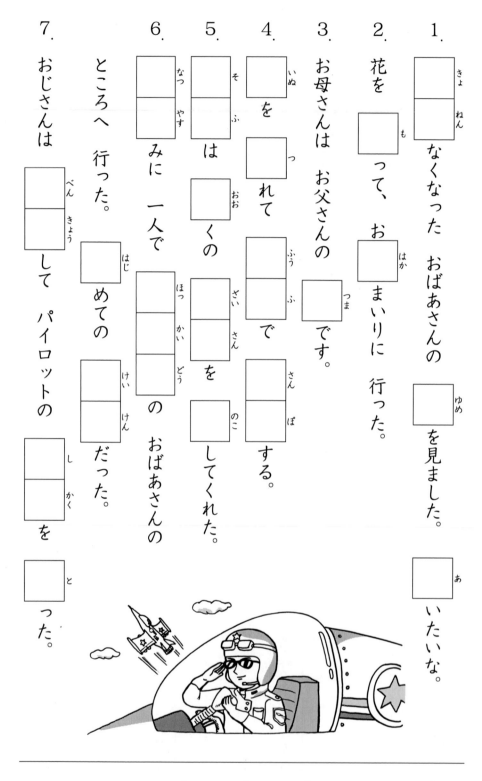

8. 友だちが　たくさん来て、□《い》□《ま》で　ゲームをして　□《あそ》んだ。

9. おばさんは　□《せい》□《しん》□《か》の　□《い》□《しゃ》で、□《びょう》□《いん》に　つとめています。

10. 敬《けい》老の日は、□《とし》□《よ》りを　□《たい》□《せつ》に　する日です。
お母さんも、おばあさんに　プレゼントを　あげます。

11. わたしは　□《そ》□《ぼ》に　□《に》て、　花を　□《そだ》てるのが　□《す》きです。

12. ここは、車の　音が　うるさいですから、□《しず》かな所に　□《うつ》りたいです。

13. このアパートでは　犬や　ねこを　□《か》っては　いけません。

{ 時間《ジカン》
　居間《ま》

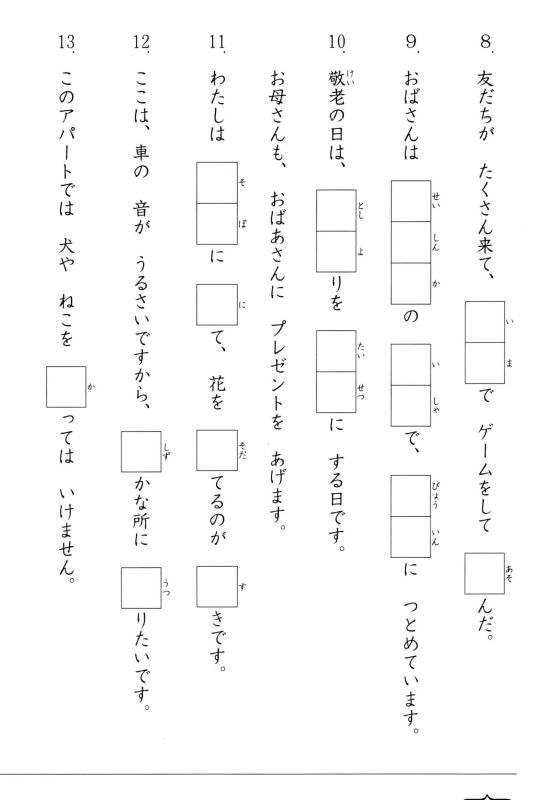

四課 友達

団《だん》（6）

集団

丨 冂 冃 冃 団 団

集団で 行動する。

個《こ》（10）

個人

ノ 亻 们 们 們 們 們 個 個 個

個人で 行動する。

招《まね》く（8）

招く

一 扌 扌 扣 扣 扣 招 招

家に 友達を 招く。

絶《ぜつ》（12）

絶対

幺 糸 糸 糸 糸 糸 糸 糸 絶

絶対に おくれないでください。

11	8	10	12
情《じょう》	版《はん》	破《やぶ》る	貸《か》す

情	版	破る	貸す
友情	版画	破る	貸す
丶 忄 忄 忄 忄 忄 情 情	丿 丿 片 片 片 版 版 版	厂 石 石 石 矿 砂 破 破	亻 亻 代 代 贷 贷 貸 貸

ぼくたちの 友情は かたい。

どうやって 版画を 作るの。

失敗したから 破った。

友達に 貸してあげる。

5

旧《きゅう》

旧友

丨 〢 ⺆ 旧 旧

旧友に 会えて うれしい。

6

再《さい》

再会

一 冂 冂 币 再 再

旧友に 再会した。

7

状《じょう》

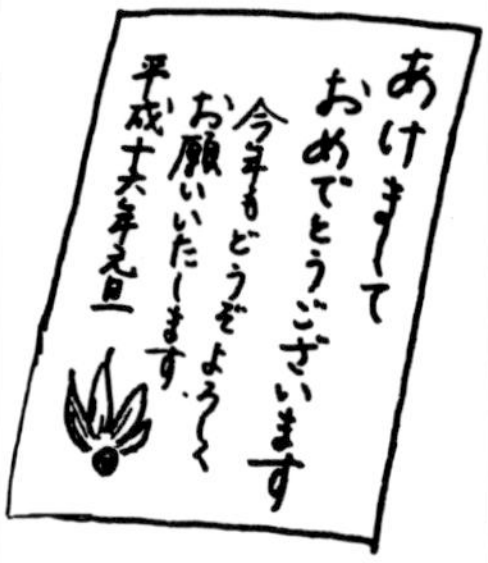
あけましておめでとうございます
今年もどうぞよろしくお願いいたします
平成十六年元旦

年賀状

丨 丬 丬 丬 丬 状 状

友達に 年賀状を 書いた。

【書き練習】

1. お□□《しょうがつ》に□□《ともだち》から□□《はんが》の□□□《ねんがじょう》を もらいました。

2. □□□《しょうがっこう》一年のときの 友達と□□《なつやす》みに□□《さいかい》しました。

3. □□《こじん》が□《あつ》まったのが□□《しゅうだん》です。

4. 友達との□□《やくそく》は□《やぶ》りません。□□《ゆうじょう》が□□《たいせつ》ですから。

5. おじいさんは 小学校のときの□□《きゅうゆう》を 家に□《まね》きました。

6. 「おとなになったら、□□《ぜったい》お□□《いしゃ》さんに なるぞ。」と リーさんが言っていた。

達
- 発達《タツ》
- 友達《だち》

友
- 友《とも》達
- 友《ユウ》情

7. 田中さんに　おもしろい本を　［　］《か》　してもらいました。

いろいろな読み方4「間」

時間《じかん》　時間がないから　急ぎましょう。

人間《にんげん》　人間も　動物ですが、　二本足で　歩けます。

居間《いま》　うちでは、ご飯が　終わると、　みんな　居間に集まって　テレビを見ます。

間《あいだ》　本の間に　しおりを　はさみます。

許《きょ》	可《か》	判《はん》	断《だん》
11	5	7	11
、 亠 言 言 言 訂 訐 許	一 丆 𠮛 𠮛 可	丶 丷 䒑 丷 半 半 判	丷 丷 半 米 㡭 断 断 断
許か	許可	判だん	判断

ここに自転車を止めてもいいですか
いいですよ

許かしてください。

許可を もらいました。

判だんして 決めよう。

いいことと 悪いことを 判断する。

7	15	11	6
防《ぼう》	賛《さん》	責《せき》	任《にん》

防	賛	責	任
防止	賛成	責にん	責任
⺂ 阝 阝 阝' 阝ᅩ 防 防	二 夫 夫 夫夫 扶 梺 替 賛	一 十 キ 主 丰 青 青 責	ノ イ 仁 仁 任 任
犯罪を 防止しよう。	賛成の人、手をあげて。	約束したことに 責任を 持とう。	子どもを 守るのは 親の 責任。

6	15	5	13
件《けん》	暴《ぼう》	犯《はん》	罪《ざい》

事件	暴力	犯人	犯罪
ノ 亻 仁 仁 仵 件	日 旦 早 星 昇 晃 暴 暴	ノ 犭 犭 犯 犯	罒 罒 罒 罒 罗 罗 罪 罪 罪
テレビで 事件を 見た。	暴力は いけません。	犯人が つかまった。	どろぼうは 犯罪です。

【書き練習】

1. □《おや》は 子どもを □□《けんこう》で 良い子に □《そだ》てる □□《せきにん》が あります。

2. 国や □《けん》の □□《ぎかい》で いいと □□《はんだん》したら この村に ダムが できるのですか。

3. 大きい □□《じけん》が □《お》きると、 テレビは そのことばかり □□《ほうどう》します。

4. けい□《さつ》の □□《きょか》がないと、 車を ここに 止められません。

5. □□《せんそう》をしない □《くに》に することに □□《さんせい》です。

道《みち》
報道《ドウ》

6. ほかの人の □《も》ち□《もの》や お金を とることは □《はん》□《さい》です。

7. □《くるま》の□《じ》□《こ》を □《ぼう》□《し》する □《もく》□《てき》で、
道に □《かがみ》が 立ててあります。

8. □《ぼう》□《りょく》を ふるう □《ば》□《めん》が
□《おお》い まん□《が》は きらいです。

鏡 { 望遠鏡《キョウ》
　 { 鏡《かがみ》

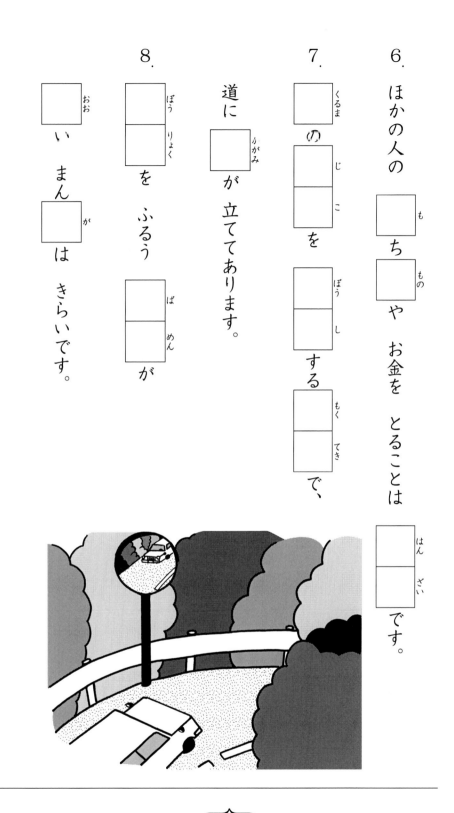

六課　社会(二)

9

政《せい》

政府

一 丅 下 正 正 正 ⾪ 政 政

日本の　政府。

11

堂《どう》

議事堂

丨 ⺌ ⺌ 尚 堂

国会議事堂を　見学した。

14

際《さい》

国際

阝 阝 阝 阝 阝 阝 阝 際 際

国際会議。

7

条《じょう》

条約

ノ ク 夂 夂 冬 条 条

条約を　結ぶ。

12	13	14	13
属《ぞく》	鉱《こう》	銅《どう》	損《そん》

属

金属

コ 尸 尸 居 居 属 属 属 属

金属の 道具。

鉱

鉱物

ノ 亼 全 金 金 金' 金十 金广 鉱 鉱

鉱物を ほる。

銅

銅メダル

ノ 亼 全 金 金 金| 釦 銅 銅 銅

銅メダルを 取った。

損

損害

一 扌 扌 扌口 扌口 扪 捐 捐 損 損

雨が ふらなくて 損害を 受けた。

10

益《えき》

利益

高く売って 利益を 出した。

12

税《ぜい》

税金

消費税は 五パーセント。

13

義《ぎ》

11

務《む》

義む

三つの 義む。

義務

国民の 義務。

12

貯

ちょ

貝　貯　貯

貯金

百円玉を 貯金します。

【書き練習】

1. □□□□□《こっかいぎじどう》の 前で □□《しゃしん》を とりました。

2. □□《せいふ》で 一番 □□《せきにん》のある人は 総《そう》□□□《りだいじん》です。

3. あのスーパーは □□《やすう》りをして、□□《りえき》を出した。

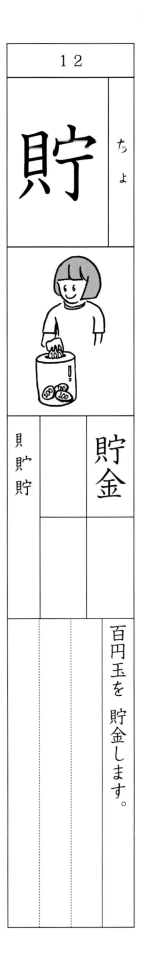

4. □《ぎ》□《む》□《きょう》□《いく》は　六才から　一五才までです。

5. □《どう》などの□《きん》□《ぞく》は□《ねつ》を□《とお》すので、すぐ□《あつ》くなります。

6. おじさんの会社は□《じ》しんで　大きな□《そん》□《がい》を□《う》けたそうだ。

7. ワシントン□《じょう》□《やく》は　野《や》生《せい》の□《どう》□《ぶつ》や□《しょく》□《ぶつ》を□《まも》るための□《こく》□《さい》□《じょう》□《やく》です。

8. □《ぜい》□《きん》で□《みち》をつくったり、学校を□《た》てたりします。

9. ジョン君のお父さんは□《こう》□《ざん》で□《はたら》いているそうだ。

10. お□《ねえ》さんは□《ぎん》□《こう》で□《はたら》いて、□《ちょ》□《きん》しています。

育《そだ》てる　教育《イク》

熱《ネツ》　熱《あつ》い

植《う》える　植《ショク》物

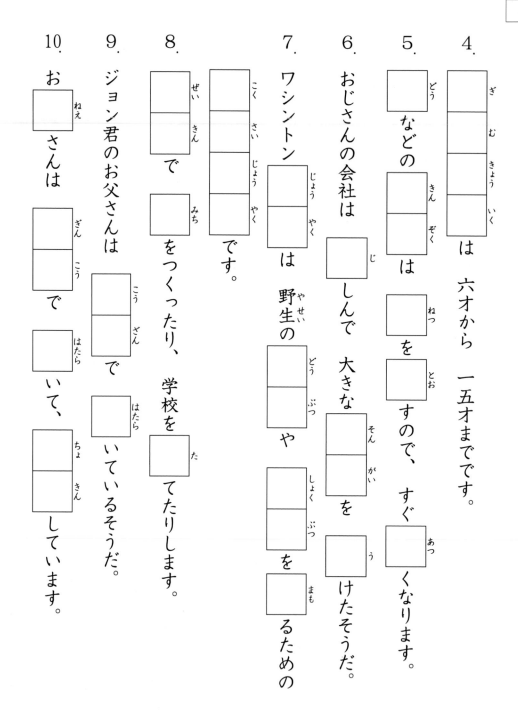

クイズ（七）

Ⅰ. 下から漢字をえらんで　漢字しりとりをしましょう。

金	液	育	社	科	体	情	料	会	友

例　税金《ぜいきん》 → 金属《きんぞく》

1　血液《けつえき》 → ［　　］ えきたい → ［　　］ たいいく

2　再会《さいかい》 → ［　　］ かいしゃ → ［　　］ しゃかい

3　新旧《しんきゅう》 → ［　　］ きゅうゆう → ［　　］ ゆうじょう

4　肥料《ひりょう》 → ［　　］ りょうり → ［　　］ り か

Ⅱ. 二つの漢字を結んで言葉を作り、読み方を書きましょう。

検　酸　資　判　許

断　格　可　査　素

例　検査　けんさ

1　＿＿＿＿　＿＿＿＿

2　＿＿＿＿　＿＿＿＿

3　＿＿＿＿　＿＿＿＿

4　＿＿＿＿　＿＿＿＿

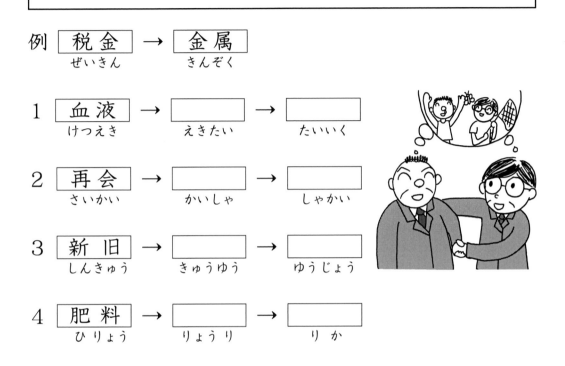

七課 貿易

綿

14

綿《めん》

綿

幺 幺 糸 糸 糹 紃 綁 綿 綿 綿

綿の シャツは すずしいです。

布

5

布《ぬの》

布

ノ ナ 才 右 布

かわいい布で ふくろを 作った。

豊

13

豊《ほう》

豊富

冂 巾 曲 曲 曲 豊 豊 豊 豊 豊

資源が 豊富です。

囲む

7

囲《かこ》む

囲む

丨 冂 冃 冄 囲

さくで 羊を 囲んだ。

12	8	14	16
貿《ばう》	易《えき》	製《せい》	輸《ゆ》
貿えき	貿易	製品	輸出
㇀ ㇀ 㠯 㠯 㠯 㠯 㠯 留 留 貿 貿 貿	丨 冂 日 日 号 号 易 易	ノ 亠 午 㐄 制 制 製 製 製	一 冖 亘 亘 車 軟 軟 軟 輪 輪 輸
たくさんの 国と 貿えきする。	貿易の 相手の 国。	電気製品を 作る。	外国に 輸出する。

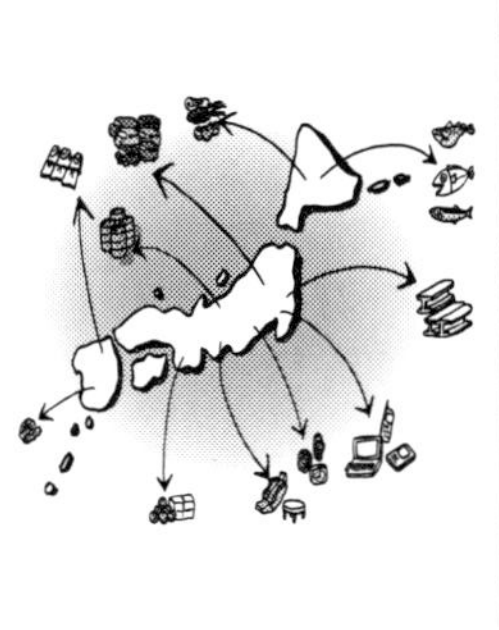

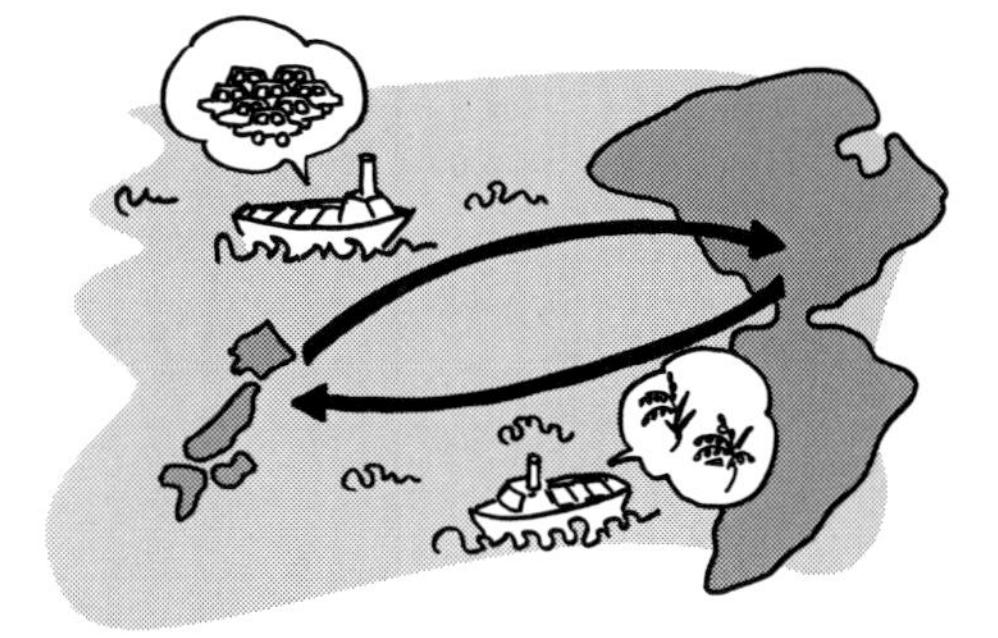

9

限《げん》

期限

期限は　八月三十日。

12

減《へ》る

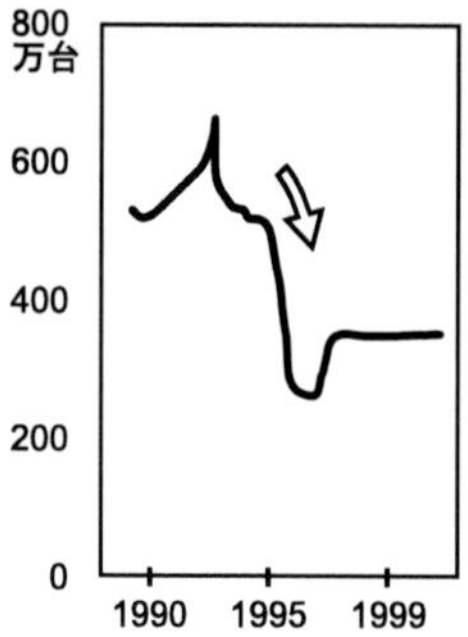

減る

輸入額が　減ってきた。

14

増《ふ》える

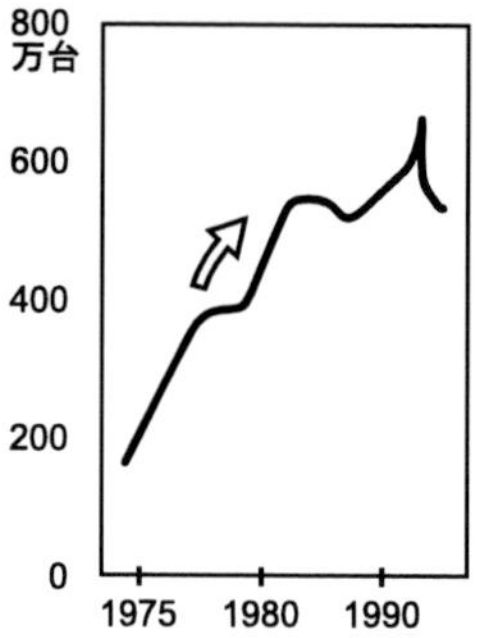

増える

自動車の　生産が　増えた。

18

額《がく》

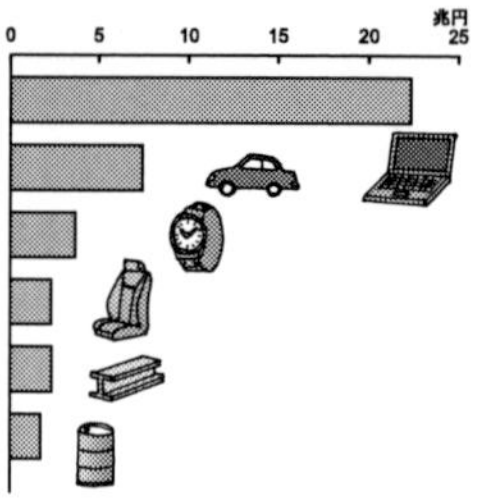

輸出額

輸出額は　いくら。

【書き練習】

1. 日本は、□□□《せかいじゅう》の国と□□《ぼうえき》していますが、アメリカとの貿易が□□《いちばん》□《おお》いです。

2. □□《にほん》は アジアの□《くに》から□《めん》や□《ぬの》で つくった□□《せいひん》を□□《ゆにゅう》しています。

3. 日本は□《うみ》に□《かこ》まれていますから 魚が□□《ほうふ》です。

4. さいきん とれる□《さかな》の□《りょう》が□《へ》ってきたので、魚の輸入量が□《ふ》えました。

中《なか》
中国《ゴク》
世界中《ジュウ》

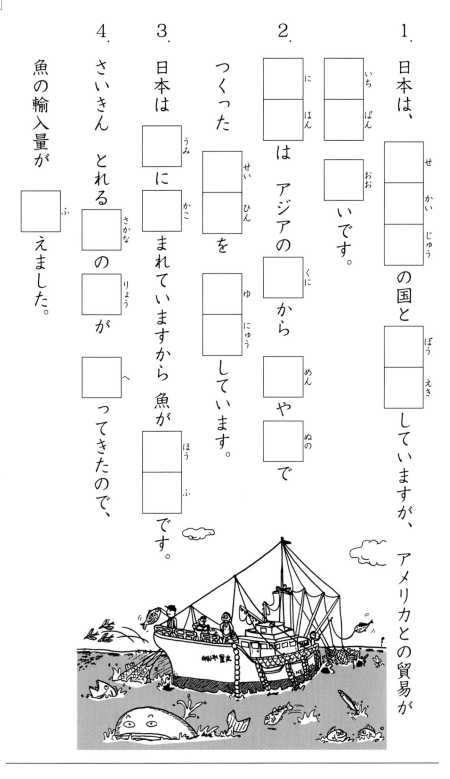

5. 横浜《よこはま》□《こう》は、日本で 一番 □《ぼう》□《えき》□《がく》が 多い□《みなと》です。
□《つぎ》は 名古屋《なごや》□《こう》です。

6. これらの□《くるま》の□《ゆ》□《しゅつ》の□《き》□《げん》は 八月三十一日です。

いろいろな読み方5「力」

協力《きょうりょく》 みんなで協力して 野菜を育てた。

力士《りきし》 おすもうさんのことを 力士といいます。

力《ちから》 力いっぱい ボールを投げた。

｛港《みなと》
　横浜港《コウ》

八課　算数

質《しつ》　15

先生、
$\frac{3}{2}$と１$\frac{1}{2}$は
同じですか。

丿 𠂆 斤 斦 斦 斦 斦 質 質 質

質問

先生に　質問する。

応《おう》　7

２×３＝６

２０×３＝６０

０.２×３＝０.６

２×３００＝６００

丶 亠 广 广 広 応 応

応用

応用して　問題を　考える。

仮《か》　6

$\frac{3}{2}=1\frac{1}{2}$

$\frac{5}{3}=1\frac{2}{3}$

$\frac{10}{4}=2\frac{2}{4}=2\frac{1}{2}$

丿 亻 仁 仮 仮 仮

仮分数

二分の三は　仮分数です。

余《あま》り　7

２３÷５＝４…３

５３÷７＝７…４

７５÷８＝９…３

丿 人 亼 亼 全 余 余

余り

十わる三は　三余り一です。

4	12	14	14
比《くら》べる	測《はか》る	複《ふく》	雑《ざつ》
	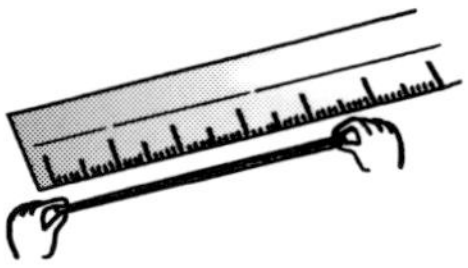		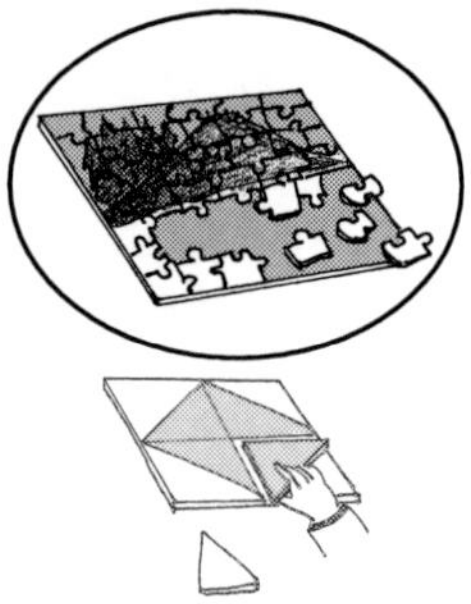
比べる	測る	複数	複雑
一 ヒ ヒ' 比	、 、 氵 氿 泪 浿 浿 浿 測	、 ラ ネ ネ ネ' 衤 衤 複 複	ノ 九 卆 杂 刹 刹' 剎' 剎 雑 雑
ひもの 長さを 比べる。	長さを 測る。	二つより 多い 数は 複数。	複雑な パズル。

7	15	11	11
均《きん》	確《かく》	率《りつ》	略《りゃく》す
よし子　まさお　たかし 60点 + 50点 + 70点 3人の平均点は60点		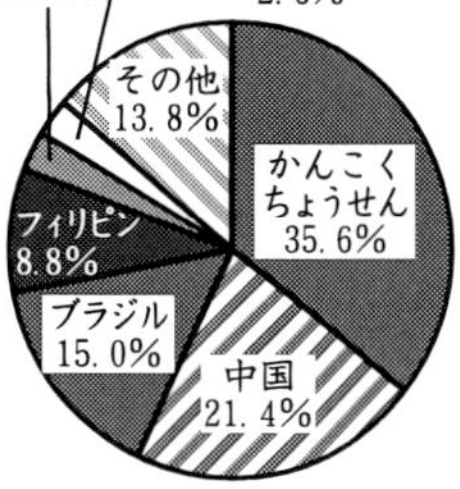	*km* キロメートル → キロ *cm* センチメートル → センチ *mm* ミリメートル → ミリ *kg* キログラム → キロ *mg* ミリグラム → ミリ
一 十 土 圴 均 均 均 平均	石 矿 砂 砟 砟 砟 硧 確 正確	亠 玄 玄 玄 泫 泫 泫 率 率 率	冂 罒 田 田 畂 畋 畋 略 略 略す
平均点は 六十点です。	正確に はかる。	百分率。	長いことばを 略していう。

【書き練習】

1. 「□□《ちゅうごく》と アメリカの 国の □□《めんせき》を □《くら》べると、どちらが大きいでしょう。」と先生が □□《しつもん》しました。

2. 四分の十は □□□《かぶんすう》です。

3. この □□□□《おうようもんだい》は □□《ふくざつ》なので、よく □《わ》かりません。

4. 算数のクラスで □《なが》さを □《はか》る □□《たんい》を 勉強しました。

5. □《あま》りのある割《わ》り算《ざん》は むずかしいですが、おもしろいです。

6. 小学校五年生の、家での □□□□《べんきょうじかん》の □□《へいきん》は 何時間ですか。

積《つ》む
面積《セキ》

分《フン》／分《プン》
分《わ》かる
分《ブン》

7.

□□《せいかく》な　□□□《えんしゅうりつ》は　三.一四一五九・・・ですが、□《りゃく》して

三.一四にしています。

□□□《えんしゅうりつ》というのは、□□《えんしゅう》を　□□《ちょっけい》で　わった□《かず》です。

正《ただ》しい
正《ショウ》月
正《セイ》確

いろいろな読み方6「国」

外国《がいこく》　外国に　住んだことが　ありますか。

中国《ちゅうごく》　中国の人口は　どのくらいですか。

国《くに》　日本は　細長い　国です。

北国《きたぐに》　北国にも　春が来ました。

クイズ（八）

□の中から「へん」をえらんで　漢字を完成しましょう。

例　　寺《じ》間がありません。
（ 時 ）

1．
荷物を寺《も》っています。
①（　　）
友達を寺《ま》っています。
②（　　）

2．
日本に主《す》む。
③（　　）
あぶないので、主《ちゅう》意しました。
④（　　）

3．
也《いけ》に魚がたくさんいる。
⑤（　　）
也《ち》球は大きい。
⑥（　　）

4．
天気が青《は》れる。
⑦（　　）
青《せい》神を強くする。
⑧（　　）

扌　亻　米　氵　日　彳　土

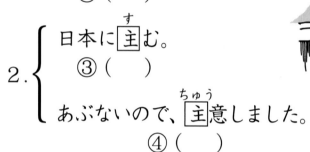

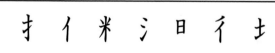

11	5	7	7
基《き》	示《じ》	序《じょ》	志《し》

基本	指示	順序	意志
一 卄 廿 甘 其 其 其 基 基	一 二 亍 亓 示	丶 亠 广 户 庐 庐 序	一 十 士 士 志 志 志
国語の 基本は 読みと 書き。	先生の 指示を よく聞こう。	順序よく ならんで 待つ。	意志が 強い人。

10	13	11	10
容《よう》	解《かい》	張《は》る	能《のう》

丶 宀 宀 穴 穷 穸 容 容	⺈ 角 角 角 觧 觧 觧 解	⺄ ⺄ 弓 引 弡 弫 張 張	ム ム 台 自 肻 能 能 能
内容	理解	張る	才能
手紙の 内容を 聞く。	説明を 聞いて 理解した。	習字を 張る。	才能のある人。

構《こう》

14

①漢字は、いつどこでできたと思いますか。

②今から三千年以上も前に、中国でできました。

③初めは物の形をかんたんな絵で表しました。

④それがだんだん変化して今の漢字ができました。

⑤そしてそれらの漢字を組み合わせて新しい漢字を作りました。

構成

十 木 木 栱 構 構 構 構

文の構成を 考える。

適《てき》

14

適切

亠 产 商 商 商 啇 滴 適

適切な アドバイスをする。

接《せつ》

11

ぼくはサッカー選手になりたい。**だから**、毎日練習をしている。

接続語

一 十 扌 扌 扩 拉 接 接

接続語は 文を つなぐことば。

句《く》

5

きょうは快晴で、雲が一つもない。

句点

ノ 勹 勺 句 句

句点を わすれないで。

9

厚《あつ》い

一 厂 厂 厂 戸 戸 厚 厚 厚

厚い

百科事典は 厚い。

8

述《じゅつ》

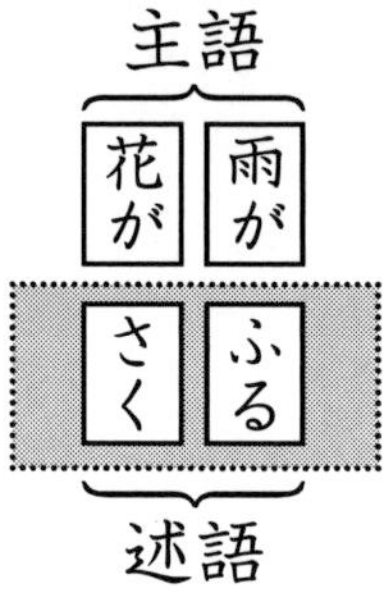

一 十 才 木 术 术 述 述

述語

主語と 述語。

15

賞《しょう》

⺌ 𰀁 尚 賞

賞

金賞を もらった。

【書き練習】

1. この□《じ》を□《か》く□□《じゅんじょ》が□《わ》からないので、 先生に□《き》きました。

2. □□《ないよう》をよく□□《りかい》するために、 三回 読んでください。

3. 野口英世《ひでよ》の物語《ものがたり》を 読むと、 英世が □□《いし》の□《つよ》い人だということがよく分かります。

4. お父さんは 文を書く□□《さいのう》があったので、 □□□□《しんぶんきしゃ》に なったそうです。

5. この「かんじだいすき」の □□《こうせい》は 読みと書きの 二つの □□《ぶぶん》からできています。

6. □□□《しょうがっこう》で□□□《きほんてき》な□□《かんじ》を□□《べんきょう》します。

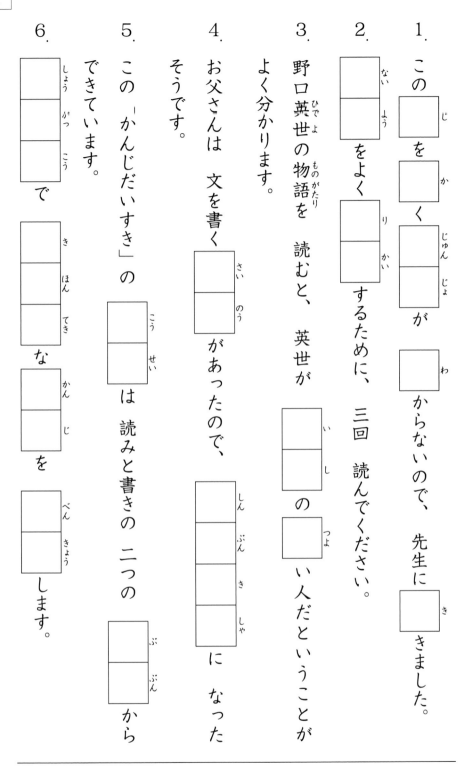

7. □《ぶん》□《しょう》に □《く》□《とう》□《てん》がないと □《い》□《み》が わかりにくいです。

8. 「うちの犬は よく ほえます。」 この文の □《じゅつ》□《ご》は どれですか。

9. 先生の □《し》□《じ》にしたがって、□《あたら》しい漢字を 書きました。

10. みんなで、□《しゅく》□《だい》の書《か》き初《ぞ》めを ろうかに □《は》りました。

□《とく》に上野君のがすごいなあ。□《きん》□《しょう》だね。

11. □《あつ》い□《かみ》で サイコロを □《つく》って、漢字すごろくを しました。

12. 次の二つの文を つなぐ □《てき》□《せつ》な □《せつ》□《ぞく》□《ご》は 何ですか。

「きのう、ディズニーランドへ行きました。」「スペースマウンテンに □《の》りました。」

読《よ》む
句読《トウ》点

指《ゆび》
指《シ》示

初《はじ》めて
書き初《ぞ》め

続《つづ》ける
接続《ゾク》語

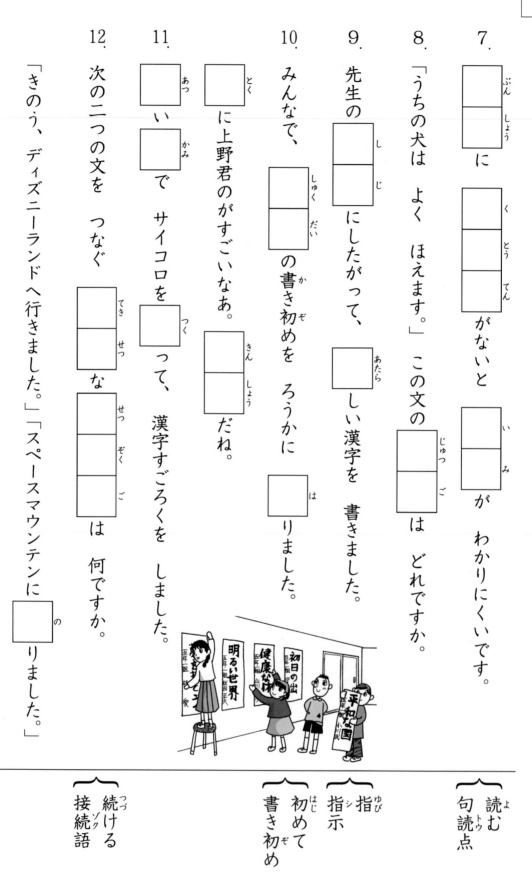

14	5	9	11
歴《れき》	史《し》	紀《き》	貧《まず》しい

20世紀
1901年〜2000年
21世紀
2001年〜2100年

一 厂 厤 歴
歴し

口 史 史
歴史

く 糸 紀 紀 紀
世紀

ノ 八 分 分 分 貧 貧 貧 貧 貧
貧しい

日本の 歴しを 勉強した。

歴史の 本を 読んだ。

今は 二十一世紀です。

貧しい 人たち。

4	14	5	3
仏 ぶつ	像 ぞう	永 えい	久 きゅう

仏	像	永	久
仏ぞう	仏像	永きゅう	永久
ノ 亻 仏 仏	亻 𠆢 伯 伯 伯 侮 侮 傍 傪 像 像	丶 亠 亣 永 永	ノ ク 久
古い 仏ぞう。	有名な 仏像。	「永きゅう」とは いつまでも 続くこと。	永久に 名前が 残る。

3　士《し》

消《しょう》ぼう士

武士

一 十 士

消ぼう士は かっこいいな。

8　武《ぶ》

武士

一 二 干 于 正 正 武 武

武士は さむらいの ことです。

14　領《りょう》

領土

ノ 人 今 今 令 令 領 領 領 領

十六世紀ごろの 大名の 領土。

13　勢《せい》

勢力

土 夫 坴 坴 埶 埶 埶 勢 勢

勢力争いが 起こった。

9	12	14	10
独《どく》	統《とう》	境《きょう》	航《こう》

独《どく》 (9)

独立

ノ 了 犭 犭 犭口 犭口 狆 独 独

やっと 独立できた。

統《とう》 (12)

統一

幺 幺 糸 糸 紅 紅 紘 紘 紘 統 統 統

東と 西の ドイツが 統一された。

境《きょう》 (14)

国境

一 十 土 圹 圹 垃 垃 培 培 境

国境は 国の さかいです。

航《こう》 (10)

航海

ノ 丿 介 介 舟 舟 舟 舟亠 航

コロンブスは 航海して アメリカを 発見した。

12

象

ぞう

象

象は 大きいなあ。

【書き練習】

1. □□《えいきゅう》に□□《へいわ》な□□《せかい》が□《く》ると いいな。

2. □□《せかい》には□《まず》しい国が たくさんある。

3. □□《ぶし》は□□《りょうど》を□《まも》るのが□□《しごと》でした。

4. □□《れきし》の本で 奈良《なら》の□□《ぶつぞう》の□□《しゃしん》を 見たことがある。

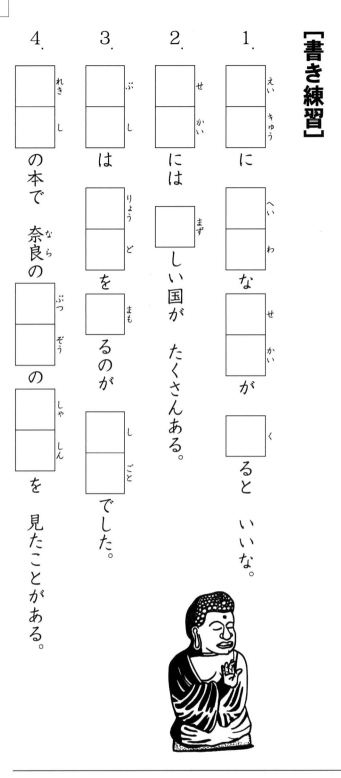

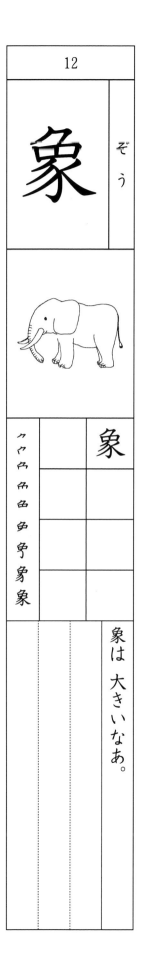

5. ヨーロッパの　いろいろな国のお□《かね》が□《とう》□《いつ》されて、ユーロになった。

6. キリスト□《きょう》や　イスラム□《きょう》や□《ぶっ》□《きょう》は、世界の大きな宗《しゅう》教《きょう》の□《せい》□《りょく》です。

7. □《こっ》□《きょう》をこえた人々《ひとびと》は、□《あたら》しく□《どく》□《りつ》した国をつくった。

8. タイ、ラオス、カンボジアに　インド□《ぞう》がいます。

9. マゼランは、十六□《せい》□《き》に　スペインから南アメリカを　通って、フィリピンまで□《こう》□《かい》しました。

独立《リツ》
立《た》つ

クイズ（九）

Ⅰ　次の□に　適当な漢字を　書き入れましょう。

1．□《あつ》い お茶　　□《あつ》い 夏　　□《あつ》い 辞典

2．この 答えは □《あ》っている。　　駅で 先生に □《あ》った。

3．□《はじ》めて パンダを 見た。

さあ、□《はじ》めましょう。

4．けさ □《はや》く 起きた。　　もっと □《はや》く 歩けますか。

5．新しい セーターを □《き》よう。　　9時に□《き》て ください。

Ⅱ　（　　　）の中に　漢字の読み方を　書きましょう。

1．学校に 8時に 着いた。 制服《せいふく》を 着る。

2．走ったから 息が 苦しい。　苦い 薬を 飲んだ。

3．子犬が 生まれたよ。 おじいさんは 百才まで生きた。 たん生日はいつ？

4．交通が　発達した。　友達と いっしょに 学校に 通う。　深い 友情。

5．3分　待って。　分数が よく 分かる。　もう一度 数えましょう。

十一課　学校（一）

	職	師	授	修
画数	18	10	11	10
漢字	職《しょく》	師《し》	授《じゅ》	修《しゅう》
絵				
言葉	職員室	教師	授業	修学旅行
書き順	丆 耳 耳 耳 耵 聕 聕 職 職 職	ノ 𠂊 𠂉 户 自 自 𠂤 𠂤 師 師	一 十 扌 扌 扌 扌 扌 扌 护 授 授	ノ イ 亻 亻 仆 仆 攸 攸 修 修
例文	職員室は　先生の　へや。	教師って　先生のこと？	楽しい　授業。	修学旅行で　京都に　行く。

12	17	8	12
喜《よろこ》ぶ	謝《しゃ》	性《せい》	程《てい》
			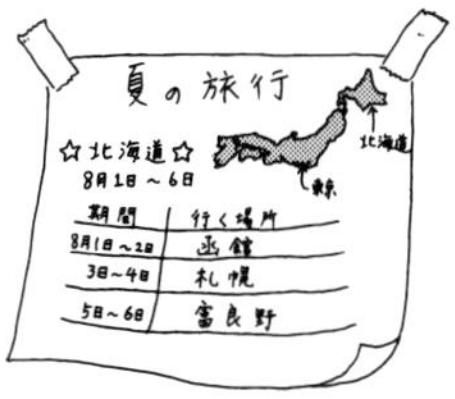
喜ぶ	感謝	男性	日程
士 吉 吉 壴 喜	言 訁 訃 訇 訇 謭 謭 謝 謝	丶 忄 忄 忙 忙 忤 性 性	二 千 禾 和 和 和 秆 程 程
試合に 勝って みんな 喜んだ。	お母さんに 感謝する。	ぼくの先生は 男性です。	旅行の 日程表。

8	16	11	9
舎 しゃ	興 きょう	規 き	則 そく

校舎	興味	規そく	規則
ノ 人 亼 今 全 全 舎 舎	亻 𠂆 ... 興	二 扌 夫 夫 知 知 規 規	丨 冂 冃 月 目 貝 貝 貝 則
新しい 校舎。	虫に 興味がある。	規そくを 守りましょう。	プールに 入るときの規則。

9	20	13	12
保《ほ》	護《ご》	準《じゅん》	備《び》

保ごする

ノ 亻 伫 伫 仴 伻 保 保 保

保護者

言 言 訁 訁 訁 訁 訁 訁 謹 謹 護

準び

氵 氵 汁 汁 沪 沪 淮 淮 準

準備

ノ 亻 仁 仳 仳 伊 俌 備 備

親は 子どもを 保護する。

授業を 見る 保護者。

旅行の 準び。

しっかり準備する。

10	5
粉 こ	弁 べん

パン粉	お弁当
米 米 粉	ㄥ ム 厶 弁 弁
パン粉で えびフライを 作る。	おいしい お弁当。

【書き練習】

1. ジョン君は □《でん》□《しゃ》に □《きょう》□《み》を □《も》っています。

大きくなったら、電車の □《うん》□《てん》□《しゅ》に なりたいそうです。

{ 味《あじ》 興味《ミ》

2. 五年生の教室は、□□《みなみがわ》の□□《こうしゃ》の□□《にかい》です。

3. あしたの□□《しけん》の□□《じゅんび》をしてから ねます。

4. 父は 中学校の□□《えいご》の□□《きょうし》です。

5. あの子は□□《きそく》を□《まも》らないので、いつも先生に しかられています。

6. 「□□《しつれい》します」と□《い》ってから、□□□《しょくいんしつ》に□《はい》ります。

7. 先生に「□□□□《しゅうがくりょこう》は どこに行きたいですか。」と 聞かれました。

8. □□□□《ほごしゃかい》の お□《し》らせを□《はは》にわたしました。

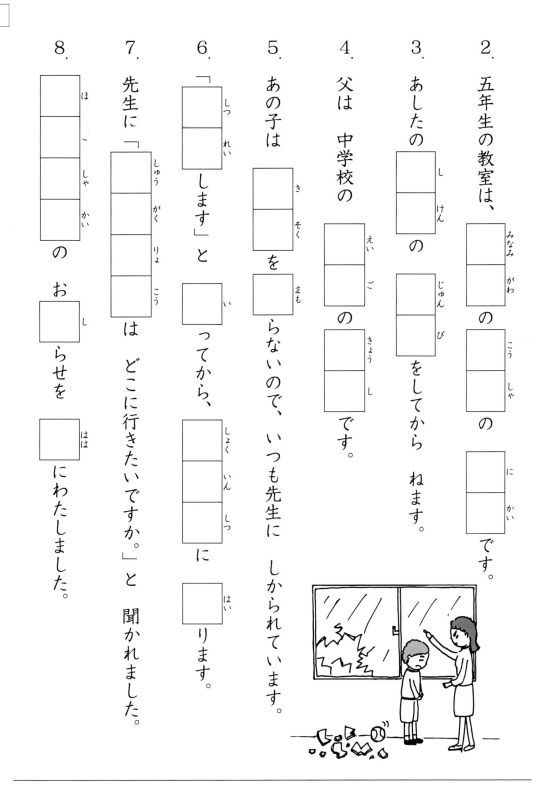

9. 学校には □□□《だんせいよう》のトイレと □□□《じょせいよう》のトイレがあります。

10. 一ヶ月の □□《にってい》が □□《きょうしつ》に □《は》ってあります。

11. お□□《べんとう》を □《つく》ってくれるお□《かあ》さんに □□《かんしゃ》して □《た》べましょう。

12. サッカーで ぼくの □《くみ》が □《か》ったので、みんなすごく □《よろこ》んだ。

13. パンは □□□《こむぎこ》から作られますが、日本は □□《こむぎ》の多くを □□《ゆにゅう》しています。

14. □□《じゅぎょう》で 新しい漢字を 習った。

男《おとこ》
男《ダン》性

女《おんな》
女《ジョ》性

十二課 学校(二)

制《せい》 8

制服

ノ 𠂉 仁 午 告 伟 制 制

学校の 制服。

費《ひ》 12

費用

弓 弗 費

遠足の 費用は いくらですか。

技《ぎ》 7

特技

一 ナ 扌 扌 扌 抄 技

姉の 特技は ピアノです。

提《てい》 12

提出

ナ 扌 扣 担 担 捍 捍 捍 提

宿題を 提出する。

12	14	14	19
証《しょう》	総《そう》	態《たい》	識《しき》
証書	総合	態度	知識
、 言 言 言 訂 訂 訂 証	幺 幺 糸 糸 紒 紒 総 総 総	厶 台 自 自 能 能 能 能 態 態	言 言 言 諳 諳 諳 識 識 識
卒業証書を もらう。	総合学習の 時間は 楽しい。	勉強の 態度を よくしましょう。	勉強して 知識を 増やす。

8	9	17	15
価《か》	逆《ぎゃく》	績《せき》	導《どう》
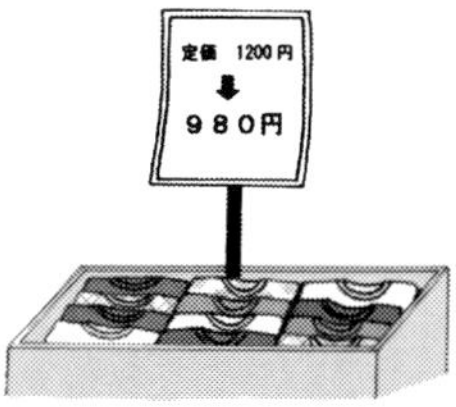			
定価	逆	成績	指導
ノ 亻 仁 仃 佰 価 価 価	丶 ソ 䒑 䒑 屰 屰 逆 逆 逆	幺 糸 糸 糸一 糸十 結 結 績 績 績	ソ 䒑 艹 节 首 道 道 道 導 導
定価って 初めの ねだん？	逆の方向に 走ってる。	いい成績を とった。	泳ぎ方の 指導を する。

漢字	読み	画数	言葉	筆順	例文
評	ひょう	12	評価	丶 亠 亠 言 言 訁 訂 訂 評	いい評価を もらいました。
演	えん	14	出演	氵 氵 氵 氵 沪 沪 泞 涥 渖 渖 演	学芸会に 出演した。
講	こう	17	講演	言 言 言 計 講 講 講 講 講	講演を 聞きに 行った。
過	か	12	過去	冂 冂 冂 円 咼 咼 咼 咼 過 過	過去の わたし。

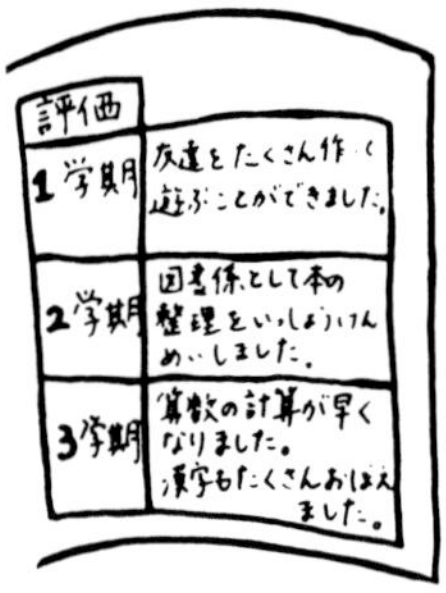

八か月

11	6
現《げん》	在《ざい》

十一才

現ざい

一 丁 干 王 玎 玥 珇 現

現在

一 ナ オ 在 在 在

現ざいの わたし。

現在 小学校五年生です。

【書き練習】

1. お□《ね》さんの学校の□□《せいふく》は、ジャケットとスカートです。

2. □□□□《そうごうがくしゅう》の時間に□□《しぜん》の□□《かんさつ》をしました。

総合《ゴウ》 合《あ》う

3. お母さんは □《こう》□《えん》□《かい》が□《す》きで よく行きます。

□《かえ》ってから、□《か》□《ぞく》に 聞いたことを 話してくれます。

4. 先生の話を聞くときには、まじめな□《たい》□《ど》で 聞きましょう。

5. いろいろなことを□《し》ることを、□《ち》□《しき》が□《ふ》えると言います。

6. お兄さんは アルバイトをして、□《りょ》□《こう》の□《ひ》□《よう》を

ためています。

7. 先生が「あした、□《かなら》ず □《しゅく》□《だい》を□《てい》□《しゅつ》してください。」と

おっしゃいました。

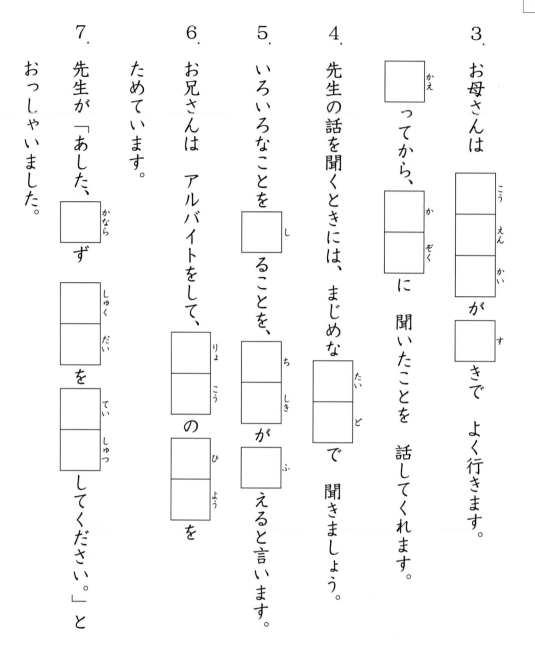

8. □□《かんじ》は 正しく□《おぼ》えましょう。□《ぎゃく》に 書かないでください。

9. □《あね》の□□《とくぎ》は、□《え》をかくことです。

10. がんばって勉強したので、□□《ひょうか》がよかったです。

11. お父さんは 学校で サッカーの□□《しどう》をしています。

12. お兄さんが□□□□《そつぎょうしょうしょ》を 見せてくれました。

13. □□《がっき》の□《お》わりに、□□□《せいせきひょう》をもらいました。

14. □□《げんざい》と□□《かこ》を□《くら》べる。

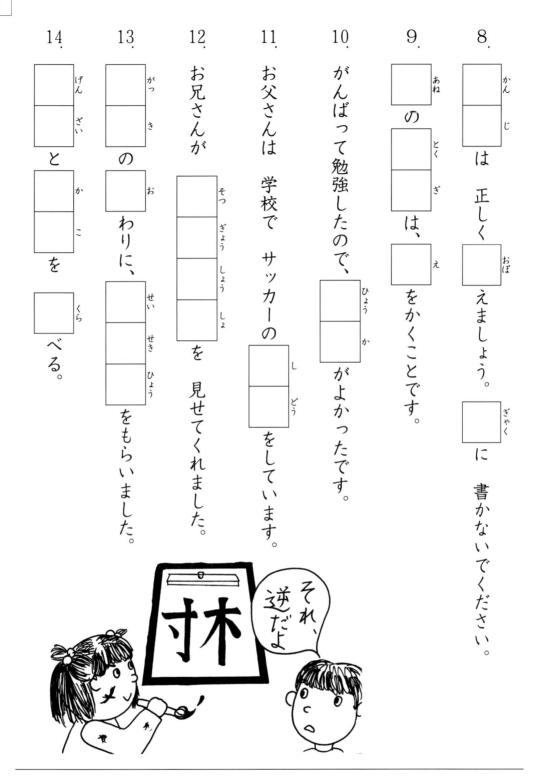

十三課　生活（一）

8	12	11	10
往《おう》	復《ふく》	停《てい》	留《りゅう》

往ふく
ノ ク 彳 彳 彳 行 往 往

往復
ク 彳 彳 彳 彴 徂 復 復

バス停
亻 亻 停 停

停留所
ノ ㇾ 幺 卬 卯 留 留 留 留

ロープウェイで　往ふくする。

行きと帰りのことを　往復と　いいます。

バス停は　どこですか。

停留所で　バスを　待つ。

10	16	11	13
耕《たがや》す	衛《えい》	混《こん》	禁《きん》
	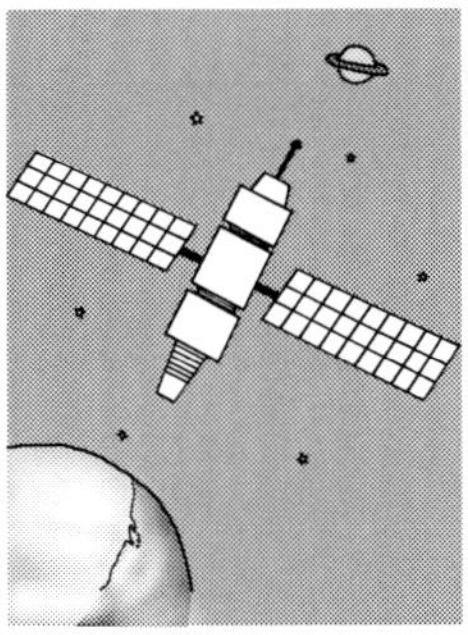		
耕す	衛星	混雑	禁止
三 丰 耒 耒 耒 耒 耕 耕	彳 彳 彳 彳 彳 待 律 衛	氵 氵 汩 泹 泹 泹 混 混	一 十 オ 木 林 埜 埜 禁 禁
畑を 耕す。	人工衛星は 何を するの。	東京の 電車は 混雑している。	「禁止」って しては いけないこと。

9

迷《まよ》う

迷う

丶 丷 䒑 半 米 米 迷 迷 迷

道に 迷う。

15

編《あ》む

編む

幺 糸 糸 糸 糸 紵 綗 絹 編

セーターを 編む。

18

織《お》る

織る

幺 糸 紵 紵 紵 綍 緒 織 織 織

はた織り機で 織る。

11

得《とく》

得意

彳 徂 徂 得

わたしは なわとびが 得意なの。

7	9
告 こく	型 がた／かた

広告	大型
𠂉 ⺧ 生 告	一 二 开 刑 型
スーパーの 広告を 見る。	荷物を 大型トラックで 運んだ。

【書き練習】

1. お父さんは 東京から 福岡《ふくおか》まで □□□《ひこうき》で □□《おうふく》しました。

2. バスの □□□《ていりゅうじょ》が 五十メートル先に □《うつ》りました。

{飛《と》ぶ
{飛《ヒ》行機

3. ここは 横断《おうだん》□《きん》□《し》です。あぶないですから、□《みち》をわたらないで ください。

4. おみやげに □《おり》□《もの》の□《ぬの》のさいふを もらいました。

5. じゅくで □《べん》□《きょう》する子が □《ふ》えてきました。ぼくも 入ろうかなと □《まよ》っています。

6. □《にち》□《よう》□《び》に お母さんといっしょに □《はたけ》を□《たがや》して、□《たね》をまきました。

7. この□《えき》は 人の□《の》りおりが □《おお》くて いつも □《こん》□《ざつ》しています。

横《よこ》
横《オウ》断

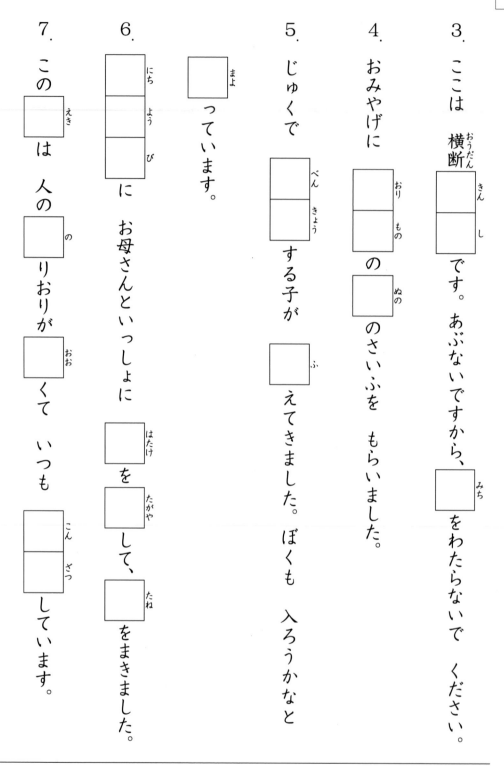

8. □《えい》□《せい》□《ほう》□《そう》は　何チャンネルで　見られるの。

9. □《くさ》を□《あ》んで　かんむりを　□《つく》りました。

10. ぼくの□《とく》□《い》な□《か》□《もく》は□《さん》□《すう》だよ。

11. 電車の中には　たくさんの□《こう》□《こく》が　あるんだなあ。

12. □《か》□《もつ》列車で□《おお》□《がた》□《き》□《かい》を□《はこ》びました。

星《ほし》
衛星《セイ》

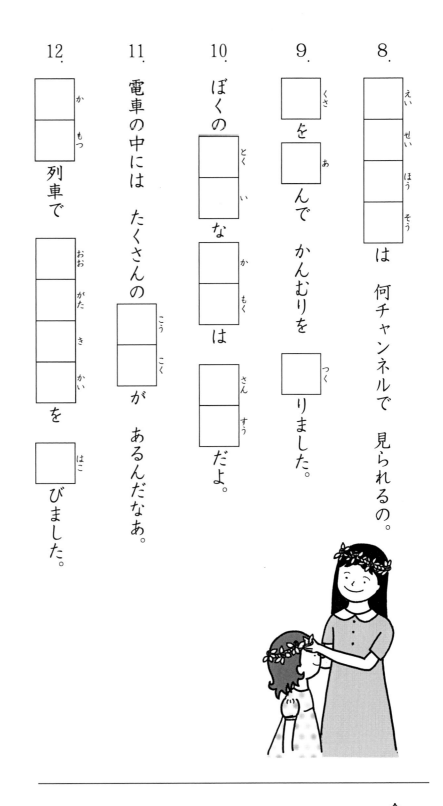

クイズ（十）

Ⅰ　例のように、下の［　　］から漢字をえらんで、□の中に入れて、読み方を（　　）の中に入れましょう。

例（うんどうかい）
運動［会］
［会］う
（あう）

1.（　　　　）
独□
□つ
（　　　）

2.（　　　　）
戦□
□う
（　　　）

3.（　　　　）
大□
□る
（　　　）

4.（　　　　）
承□
□る
（　　　）

5.（　　　　）
面□
□む
（　　　）

会	争	立
知	積	切

Ⅱ　例のように、右と左の字の中から　正しいものをえらんで、線で結んで言葉を作りましょう。

例 ｛知 ―― 識 ／ 織

1. ｛労　　働 ／ 動

2. ｛接　　続 ／ 読

3. ｛成　　積 ／ 績

4. ｛理　　科 ／ 料

5. ｛快　　清 ／ 晴

6. ｛製 ／ 制　　品

7. ｛復 ／ 複　　雑

8. ｛構 ／ 講　　演

9. ｛検 ／ 険　　査

10. ｛受 ／ 授　　業

十四課 生活(二)

慣《かん》 14

丶 忄 忄 忄 忄 忄 忄 忄 慣 慣 慣

習慣

日記を 書く習慣。

支《し》 4

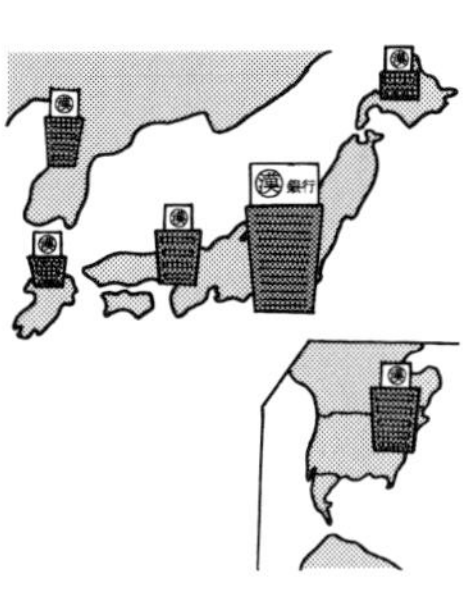

一 十 す 支

支店

外国にも 支店が ある。

災《さい》 7

く 巛 巛 巛 巛 災 災

災害

いろいろな 災害。

営《えい》 12

丶 丶 ⺍ 営 営 営 営 営 営 営 営

営業

朝から 営業している。

5	16	11	16
刊《かん》	燃《ねん》	設《せつ》	築《ちく》

朝刊	燃料	設計	新築
一 二 千 干 刊	丶 丷 火 灯 炒 炒 炊 燃 燃 燃	丶 言 言 言 訁 訟 設 設	𠂉 ⺮ ⺮ 竺 竺 筑 筑 筑 築 築
朝刊と 夕刊。	灯油も まきも 燃料だ。	設計図を 書く。	ぼくの 家は 新築だ。

10	8	11
造《ぞう》	非《ひ》	常《じょう》

木造	非じょう口	非常口
ノ ⺈ 牛 生 告 告 告 造 造	ノ ナ ヲ ヲ 刲 非 非 非	丶 〃 ⺌ 𰀁 常 常 常 常 常
木造の 家を 建てる。	非じょう口は どこですか。	非常口から にげる。

【書き練習】

1. わたしの□《いえ》の□《ちか》くに□《ゆう》□《めい》なケーキ□《や》の□《し》□《てん》ができたので、さっそく□《か》いに行きました。

2. □《さい》□《がい》のときのことを□《かんが》えて、□《ひ》□《じょう》□《ぐち》を 大きくしました。

3. □《ちょう》□《かん》に、□《り き》□《し》が□《ど》□《ひょう》で けいこしている□《しゃ》□《しん》が のっていた。

4. この□《しん》□《ちく》の□《もく》□《ぞう》の家は すてきですね。だれが□《せっ》□《けい》したのですか。

朝《あさ》
朝《チョウ》刊

力《ちから》
勢力《リョク》
力《リキ》士

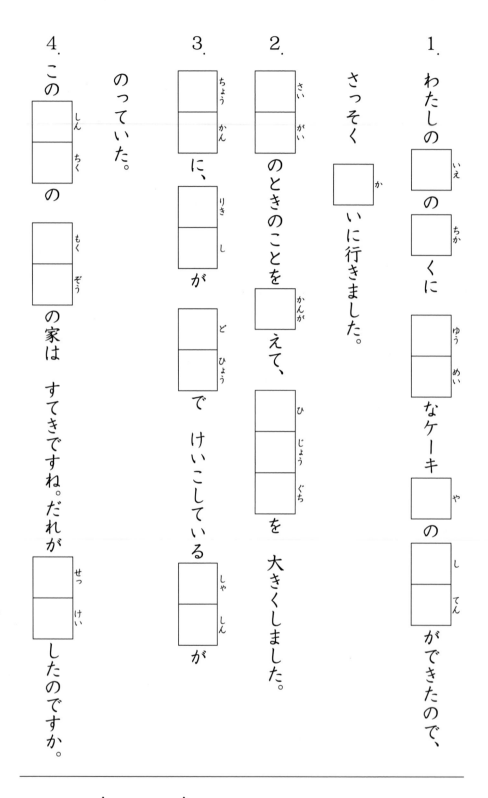

5. □□《ねんりょう》には、まきや□□《せきゆ》やガスなどがあります。

6. □《あさ》早くから□□《えいぎょう》しているパン屋さんは、とてもはやっています。

7. 犬を□《か》ってから、早く□《お》きて、□□《さんぽ》に□《つ》れて行くのがぼくの□□《しゅうかん》になった。

石《いし》　石《セキ》油

油《あぶら》　石油《ユ》

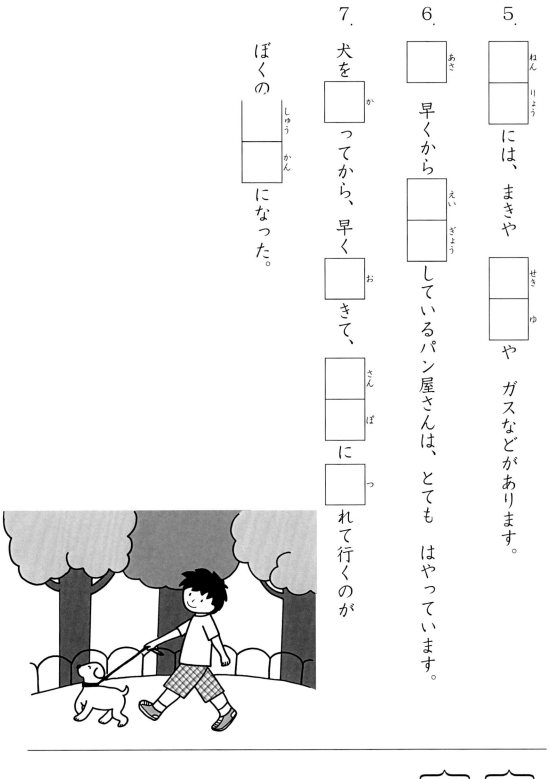

十五課　浦《うら》島《しま》太《た》郎《ろう》

昔、海辺《うみべ》の村に
浦島太郎《うらしまたろう》という若者《わかもの》がいました。

ある日、太郎は海辺を歩いていると
大勢《おおぜい》の子どもたちが
かめをいじめていました。

太郎「かわいそうだよ。
　にがしてやりなさい。弱いものいじめはいけないよ。」

子どもたち「せっかくつかまえたんだからいやだよ！」
太郎　「じゃ、私にそのかめを売ってくれないか。」
子どもたち「いいよ。」
子どもたちはかめをおいて帰っていきました。

太郎「かわいそうに。痛《いた》かっただろう。
　もう、つかまるんじゃないよ。」

太郎はそう言いながら、かめを海へはなしてやりました。

次の日、太郎が魚をつっていると
きのうの　かめが
泳いで来ました。

かめ「太郎さん、きのうは助けてくださって
ありがとうございました。
お礼に　海の中の竜宮城《りゅうぐうじょう》に
お連れします。」

かめは、太郎をせなかに乗せると
海にもぐって行きました。

寒い海に育つこんぶや、あたたかい海にあるさんごが
いっしょになっている所《ところ》をぬけると
きらきら光る竜宮城《りゅうぐうじょう》に着きました。

おどろいている太郎を
美しいおひめ様が出むかえました。
おとひめ「きのうはかめを助けてくださって、ありが
とうございました。私はおとひめといいます。
どうぞゆっくり遊んでいってくださいね。」

竜宮城《りゅうぐうじょう》のおとひめ様は、何度も何度も
お礼を言いました。

太郎の前には
見たこともないごちそうが、ならびました。
魚のたいやひらめのおどりも、楽しかったです。

次の日も、次の日も
太郎は竜宮城《りゅうぐうじょう》で遊びました。

毎日、毎日が夢のように楽しく過《す》ぎていきました。

楽しくくらしているうちに
あっという間《ま》に三年が過《す》ぎてしまいました。

太郎は、お母さんを思い出しました。
太郎「お母さんが心配《しんぱい》している。もう帰らなければいけない。」
太郎はおとひめ様に言いました。
太郎「あまり楽しくて、つい、ゆっくりしてしまいました。
私は帰らなければなりません。」
おとひめ「それではおみやげにこの玉手箱《たまてばこ》をさし上《あ》げましょう。
この玉手箱《たまてばこ》を持っていたら、ここへもどれます。
でも、もどって来るまで、決《けっ》して箱を開けては
いけませんよ。」
おとひめ様は悲しそうな顔をしながら、太郎に玉手箱《たまてばこ》をわたしました。

太郎はかめのせなかに乗って
海辺《うみべ》の村に帰って来ました。

太郎は村に帰りましたが、
家がありません。
お母さんもいないし、会う人はみんな、
知らない人ばかりです。

村の人「三百年も前に、浦島太郎《うらしまたろう》という若者《わかもの》が
海に出たまま、帰って来なかったという話を
聞いたことがある。」

太郎は三年だと思っていましたが、
本当は三百年も過《す》ぎていたのです。

さびしくなった太郎は
約束をわすれて
玉手箱を開けてしまいました。

すると、
中からぱっと白いけむりが出て
太郎はしらがのおじいさんに
なってしまいました。

おわり

五年生の漢字《かんじ》画数《かくすう》

画《かく》数《すう》	漢《かん》字《じ》
三画	久士
四画	支比仏
五画	圧永可刊旧句史示犯布弁
六画	因仮件再在団任
七画	囲応快技均告災志似序状条判防余
八画	易往価河居効妻枝舎述招性制毒版肥非武
九画	紀逆型限故厚査政祖則独保迷
十画	益桜格個航耕財殺師修素造能破粉脈容留
十一画	移液眼基寄規救許経険現混採授述情常責接設断張 停堂得貧婦務率略
十二画	営過喜検減証税絶象測属貸貯提程統費備評復報貿
十三画	解幹義禁鉱罪資飼準勢損墓豊夢
十四画	演慣境構際雑酸精製総像増態適銅複綿領歴
十五画	確潔賛質賞導編暴
十六画	衛興築燃輸
十七画	講謝績
十八画	額織職
十九画	識
二十画	護

いろいろな読み方

（網かけ）はこの練習帳であつかった読み方です。カッコの中は送り仮名です。カタカナは音読みで、ひらがなは訓読みです。

【新出漢字】

三画

漢字	読み	課	頁
久	**キュウ**	10	57
士	**シ**	10	58

四画

漢字	読み	課	頁
支	**シ** ささ(える)	14	81
比	ヒ **くら(べる)**	8	43
仏	**ブツ** はとけ	10	58

五画

漢字	読み	課	頁
圧	**アツ**	2	8
永	**エイ** なが(い)	10	57
可	**カ**	5	26
刊	**カン**	14	81
旧	**キュウ**	4	20
句	**ク**	9	50
史	**シ**	10	57
示	**ジ** しめす	9	49
犯	**ハン** おかす	5	26
布	**ぬの** フ	7	38
弁	**ベン**	11	64

六画

漢字	読み	課	頁
因	**イン**	1	2
仮	**カ** かり	8	43
件	**ケン**	5	25
再	**サイ** ふたた(び)	4	20
在	**ザイ**	10	58
団	**ダン**	4	20
任	**ニン**	5	25

七画

漢字	読み	課	頁
囲	**かこ(む)** かこ(う)、イ	7	37

漢字	読み	課—頁
応	オウ	8—44
快	カイ	2—8
	こころよ(い)	
技	ギ	12—70
	わざ	
均	キン	8—43
告	コク	13—76
	つ(げる)	
災	サイ	14—82
志	シ	9—49
	こころざ(す)	
似	に(る)	3—14
	ジ	
序	ジョ	9—50
状	ジョウ	4—19
条	ジョウ	6—31
判	ハン	5—26
防	ボウ	5—26
	ふせ(ぐ)	
余	あま(り)	8—44
	ヨ	

八画

漢字	読み	課—頁
易	エキ	7—37
	イ	
	やさ(しい)	
往	オウ	13—76
価	カ	12—70
	あたい	
河	カ	2—7
	かわ	
居	い	3—14
	キョ	
効	き(く)	1—2
	コウ	
妻	つま	3—14
	サイ	
枝	えだ	2—8
	シ	
舎	シャ	11—63
述	ジュツ	9—50
	の(べる)	
招	まね(く)	4—19
	ショウ	
性	セイ	11—63
制	セイ	12—69
毒	ドク	2—7
版	ハン	4—19
肥	ヒ	2—8
	こ(える)	
非	ヒ	14—82
武	ブ	10—57

九画

漢字	読み	課—頁
紀	キ	10—57
逆	ギャク	12—70

漢字	読み	その他の読み	課	頁
型	かた／がた	ケイ	13	76
限	ゲン	かぎ(る)	7	37
故	コ		1	1
厚	あつ(い)	コウ	9	49
査	サ		1	1
政	セイ		6	31
祖	ソ		3	13
則	ソク		11	63
独	ドク		10	58
保	ホ	たも(つ)	11	63
迷	まよ(う)	メイ	13	75

十画

漢字	読み	その他の読み	課	頁
益	エキ		6	32
桜	さくら		2	8
格	カク		3	13
個	コ		4	20
航	コウ		10	57
耕	たがや(す)	コウ	13	75
財	ザイ		3	14
殺	ころ	サツ	2	8
師	シ		11	63
修	シュウ	おさ(める)	11	64
素	ソ		2	7
造	ゾウ	つく(る)	14	82
能	ノウ		9	50
破	やぶ(る)	ハ	4	19
粉	こ	フン、こな	11	64
脈	ミャク		1	1
容	ヨウ		9	50
留	リュウ	ル	13	76

十一画

漢字	読み	その他の読み	課	頁
移	うつ(る)	イ	3	13
液	エキ		1	1
眼	ガン		1	2
基	キ		9	49
寄	よ(り)	キ	3	13
規	キ		11	63
救	キュウ	すく(う)	1	1
許	キョ	ゆる(す)	5	26

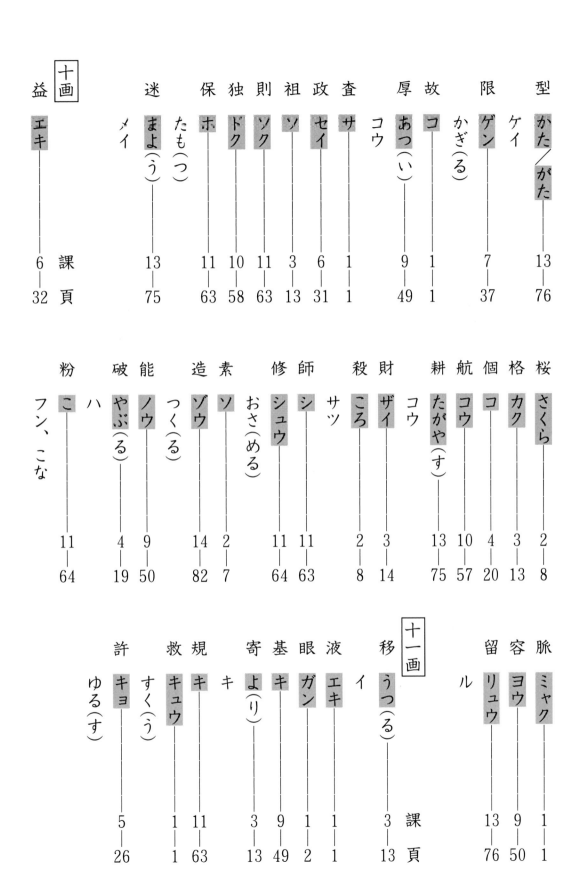

経　ケイ　3—13
険　けわ(しい)　2—7
ケン
現　ゲン　10—58
あらわ(れる)
混　コン　13—75
ま(じる)／ま(ぜる)
採　サイ　1—1
と(る)
授　ジュ　10—57
さず(ける)／さず(かる)
術　ジュツ　1—2
情　ジョウ　4—20
なさ(け)
常　ジョウ　14—82
つね
責　セキ　5—25
せ(める)
接　セツ　9—50

設　セツ／セッ　14—81
もう(ける)
断　ダン　5—26
張　は(る)　9—49
チョウ
停　テイ　13—76
堂　ドウ　6—31
得　トク　13—75
貧　まず(しい)　10—57
ヒン／ビン
婦　フ　3—14
務　ム　6—32
つと(める)
率　リツ　8—44
略　リャク　8—44

十二画　課　頁

営　エイ　14—82
いとな(む)

過　カ　10—58
す(ぎる)　15—171
喜　よろこ(ぶ)　11—64
キ
検　ケン　1—1
減　へ(る)　7—38
ゲン
証　ショウ　12—69
税　ゼイ　6—32
絶　ぜっ／ぜつ　4—20
た(える)
象　ゾウ　10—57
ショウ
測　はか(る)　8—43
ソク
属　ゾク　6—31
貸　か(す)　4—19
タイ

漢字	読み	課	頁
貯	チョ た(める・まる)	6	32
提	テイ	12	69
程	テイ	11	64
統	トウ す(べる)	10	57
費	ヒ ついや(す)	12	69
備	ビ そな(える)	11	64
評	ヒョウ	12	70
復	フク	13	76
報	ホウ むく(いる)	2	8
貿	ボウ	7	37

十三画

漢字	読み	課	頁
解	カイ と(ける)	9	49
幹	みき カン	2	8
義	ギ	6	32
禁	キン	13	75
鉱	コウ	6	31
罪	ザイ つみ	5	26
資	シ	3	13
飼	か(う) シ	3	14
準	ジュン	11	64
勢	セイ いきお(い)	10	58
損	ソン	6	32
墓	はか ボ	3	14
豊	ホウ ゆた(か)	7	38
夢	ゆめ ム	3	13

十四画

漢字	読み	課	頁
演	エン	12	70
慣	カン な(れる)	14	82
境	キョウ さかい	10	58
構	コウ	9	50
際	サイ	6	31
雑	ザツ	8	44
酸	サン	2	7
精	セイ	3	14
製	セイ	7	38
総	ソウ	12	69
像	ゾウ	10	58
増	ふ(える) ゾウ	7	38
態	タイ	12	70
適	テキ	9	50
銅	ドウ	6	31
複	フク	8	44

漢字	読み	課	頁
綿	メン	7	38
領	リョウ	10	57
歴	レキ	10	57

十五画

漢字	読み	課	頁
確	カク たし(かめる)	8	44
潔	ケツ	1	1
賛	サン	5	25
質	シツ	8	43
賞	ショウ	9	49
導	ドウ みちび(く)	12	69
編	あ(む) ヘン	13	75
暴	ボウ あば(れる)	5	25

十六画

漢字	読み	課	頁
衛	エイ	13	76
興	キョウ コウ おこ(す)	11	64
築	チク きず(く)	14	81
燃	ネン も(える)	14	81
輸	ユ はか(る)	7	37

十七画

漢字	読み	課	頁
講	コウ	12	70
謝	シャ あやま(る)	11	64
績	セキ	12	70

十八画

漢字	読み	課	頁
額	ガク	7	37
織	お(る) ショク	13	76
職	ショク	11	63

十九画

漢字	読み	課	頁
識	シキ	12	70

二十画

漢字	読み	課	頁
護	ゴ	11	63

【読み替え漢字】

一画

漢字	読み	巻	課	頁
一	いち	1	1	1
	いつ	5	10	58

二画

漢字	読み	巻	課	頁
入	はい(る)	1	13	83
	ニュウ	5	7	41
力	ちから	1	12	75
	リョク	4	9	48
	リキ	5	14	169

三画

漢字	読み	巻	課	頁
口	くち	1	2	9
	コウ	5	2	7
下	した	1	3	15
	さ(がる)	4	5	118
	カ	5	7	41
子	こ	1	9	53
	シ	5	8	47
山	やま	1	7	41
	サン	4	12	71
	ザン	5	6	35
女	おんな	1	9	53
	ジョ	5	11	68

四画

漢字	読み	巻	課	頁
止	と(まる)	2	13	110
	シ	5	5	26
内	うち	2	19	163
	ナイ	5	5	29
手	て	1	2	9
	シュ	5	1	2
中	なか	1	3	15
	チュウ	2	4	33
	ジュウ	5	7	124
父	ちち	2	4	25
	とう	2	4	34
	フ	5	3	13
友	とも	2	4	26
	ユウ	5	4	20
分	フン／プン	2	7	55
	ブン	5	8	47
	わ(かる)	5	8	129
方	ホウ	2	16	137
	かた	5	13	79

五画

漢字	読み	巻	課	頁
石	いし	1	8	47
	セキ	5	14	170
生	セイ	1	9	53
	う(まれる)	3	1	2
	ジョウ	4	8	133
	い(きる)	5	2	11
正	ただ(しい)	1	4	21
	ショウ	4	13	165
	セイ	5	8	47
立	たつ	1	13	83
	リツ	5	10	58

漢字	読み	巻	課	頁
去	キョ	3	15	163
	コ	5	12	70
台	ダイ	2	5	37
	タイ	5	6	35
外	そと	2	19	163
	ガイ	5	12	73
母	はは	2	4	25
	かあ	2	4	34
	ボ	5	3	18
出	で(る)	1	13	83
	だ(す)	4	10	147
	シュツ	5	7	37

六画

漢字	読み	巻	課	頁
合	あ(う)	2	12	102
	がっ	4	7	38
	ゴウ	5	12	69
次	つぎ	3	4	37
	ジ	5	10	61
会	カイ	2	17	144
	あう	5	3	103
争	ソウ	4	14	79
	あらそ(う)	5	10	61
年	ネン	1	11	67
	とし	5	3	13

七画

漢字	読み	巻	課	頁
町	まち	1	12	75
	チョウ	5	5	29
返	ヘン	3	10	108
	かえ(す)	5	4	23
決	きめ(る)	3	2	13
	ケツ	5	9	29
初	はじ(めて)	4	2	8
	ぞ(め)	5	9	137
男	おとこ	1	9	53
	ダン	5	11	63

八画

漢字	読み	巻	課	頁
所	ショ	3	10	108
	ところ	5	2	11
苦	にが(い)	3	1	2
	くる(しい)	5	2	11
味	あじ	3		
	ミ	5	11	64
育	そだ(てる)	3	6	64
	イク	5	6	119
歩	ある(く)	2	13	110
	ポ	5	3	103
油	あぶら	3	13	143
	ユ	5	14	85

九画

漢字	読み	巻	課	頁
相	ソウ	3	3	23
	あい	5	7	41
神	ジン	3	11	119
	シン	5	3	14
後	うし(ろ)	2	5	37
	ゴ	2	7	56
	あと	5	10	61
庭	にわ	3	11	120
	テイ	5	12	74
風	かぜ	2	8	69
	フウ	5	6	35
星	ほし	2	8	170
	セイ	5	13	76
炭	すみ	3	13	143
	タン	5	7	41
指	ゆび	3	1	1
	シ	5	9	49
美	うつく(しい)	3	8	85
	ビ	5	13	79
飛	と(ぶ)	4	12	68
	ヒ	5	13	162
建	た(てる)	4	3	14
	だ(て)	5	14	85

十画

漢字	読み	巻	課	頁
高	たか(い)	2	10	83
	コウ	5	2	8
原	はら	2	14	119
	ゲン	5	1	2
連	レン	4	8	42
	つ(れる)	5	3	103
家	いえ	2	14	120
	カ	5	3	17

十二画

漢字	読み	巻	課	頁
晴	は(れ)	2	8	69
	セイ	5	2	8
散	ち(る)	4	13	74
	サン	5	3	103
達	タツ	4	14	79
	だち	5	4	23
港	みなと	4	7	123
	コウ	5	7	125
朝	あさ	2	7	55
	チョウ	5	14	81
植	う(える)	3	6	64
	ショク	5	6	119
道	みち	2	15	127
	ドウ	5	5	113
間	カン	2	7	55
	ま	5	3	14
	あいだ	5	6	35

十三画

漢字	読み	巻	課	頁
戦	セン	4	14	79
	たたか(う)	5	10	61
続	つづく	4	9	48
	ゾク	5	9	50

十四画

漢字	読み	巻	課	頁
読	よ(む)	2	18	153
	トウ	5	9	54

十五画

漢字	読み	巻	課	頁
熱	ねつ	4	14	119
	あつ(い)	5	6	119
横	よこ	3	5	49
	オウ	5	13	163

十六画

漢字	読み	巻	課	頁
積	つ(む)	4	3	14
	セキ	5	8	129

十七画

漢字	読み	巻	課	頁
鏡	キョウ	4	12	68
	かがみ	5	5	114

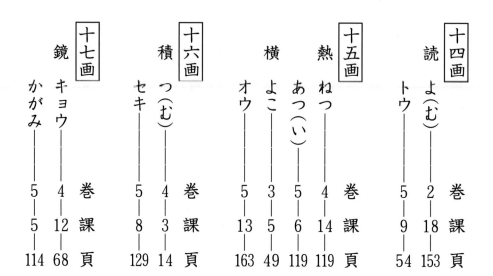

学習者の習熟度の確認にお使いください

五年生の漢字

1. お墓まいり　2. 大型機械　3. 厚い本　4. 金賞と特賞　5. 貧しい国　6. 険しい山

7. 余りのある割《わ》り算《ざん》　8. 日本政府　9. 文の構成　10. 木の幹と枝　11. 強い意志　12. 古い仏像

13. 立入禁止　14. 適切なことば　15. 質問と答え　16. 主語と述語　17. 輸入と輸出

18. 個人と集団　19. 賛成と反対　20. 手紙の内容　21. 社会の授業　22. 音楽の才能

23. 複雑な問題　24. 高気圧と低気圧　25. 国と国との勢力争い　26. 過去、現在、未来

27. バスの停留所　28. 銀行の本店と支店　29. 燃料の灯油　30. ピクニックのお弁当

31. 国会議事堂　32. 犬を飼う。　33. 桜の花がさく。　34. 暴力はいけない。　35. 長さを測る。

36. 職員室に入る。　37. 畑を耕す。　38. セーターを編む。　39. 貯金をする。　40. 友達を家に招く。

41. 布で着物を作る。　42. 道に迷って、おそくなった。　43. あの子はブラジルから日本に移ってきた。

44. 父は綿のシャツが好きだ。　45. わたしの夢は南極へ行くことだ。

46. 費用は三千円。　47. 父は母を「私の妻です。」と言って、しょうかいした。　48. 花に肥料をやる。
49. 事故を防止する。　50. 正確に計算する。　51. 応用して考える。　52. 国境を通る。　53. 体と精神をきたえる。　54. 自動車事故を見た。　55. 人工衛星をうち上げる。　56. 順序よくならべる。
57. 一輪車が得意だ。　58. 日本は木造の家が多い。　59. お年寄りに席をゆずる。　60. 車をとめる許可をもらう。　61. 新築の家に住む。　62. 体を清潔にしよう。　63. 病気の原因はいろいろある。
64. 約束を破らないで。　65. 居間に家族が集まる。　66. 友情は大切だ。　67. 眼科で検査をする。
68. 血管から血液を取る。　69. 手術をするので採血する。　70. 父母は夫婦で北海道へ旅行した。
71. 河口の近くでつりをする。　72. 国の面積を比べる。　73. このごろ、犯罪が増えている。
74. 子どもを育てるのは親の責任だ。　75. 台風で損害を受けた。　76. 条約を結んでいる国。
77. 良いことと悪いことを判断する。　78. 版画の年賀状を出す。　79. 旧友と再会する。
80. 東京は国際都市だ。　81. あの兄弟《きょうだい》は顔が似ていない。　82. この字は右と左が逆になっている。
83. 家やお金は財産だ。　84. 第二次世界大戦のあと独立した国は多い。
85. 山の上は酸素が少ない。　86. 今日のスーパーの利益は70万円。　87. 資格をとってパイロットになりたい。

88. 「この本を貸してあげるけど、絶対土曜日までに返してね。」

89. 今年は災害が多い。

90. 電気製品が安くなった。

91. わたしの特技はさかだちだ。

92. 総合学習の時間に英語を習った。

93. 本を読んで知識を増やそう。

94. この国はくだものが豊富だ。

95. 救急車が来た。

96. 宿題提出の期限はあしただ。

97. 害虫を殺す薬

98. 先生の指示のとおりにする。

99. 基本をしっかり練習する。

100. 星に興味がある。

101. コンビニは、24時間営業している。

102. この駅はいつも多くの人で混雑している。

103. 先生の話が理解できた。

104. 駅に広告が張ってある。

105. ここはだれの領地だったの。

106. 武士は刀を持っている。

107. 親に感謝する。

108. おまわりさんが交通指導をする。

109. 織物工場で働く。

110. 新しい校舎が建った。

111. 授業中の態度が良いとほめられた。

112. 制服を着て学校へ行く。

113. 学校の規則を守る。

114. 運動会の準備をする。

115. 修学旅行の日程表をもらう。

116. 二つの国が統一されて一つになる。

117. 日本は海に囲まれた国だ。

118. 美術館を設計する。

119. 絵や習字を教室に張り出す。

120. ギリシャは永久に歴史に残る国だ。

121. 火事のときは非常口からにげる。

122. 仮分数は分母より分子の方が大きい。

123. 講演会が始まる。

124. 貿易額が減ってきた。

125. 保護者会は来週の水曜日だ。

126. 試験

の平均点を出す。
127. 祖父はいろいろな経験をしている。
128. 国民は税金をはらう義務がある。
129. 作文に句読点を打つ。
130. 学期の終わりに成績表をもらう。
131. 往復きっぷを買った。
132. 円周率は3.14159…だけど、略して3.14にする。
133. 「そして」「けれども」などを接続語という。
134. 教師は生徒の学力を評価する。
135. 天気予報によると、あしたは快晴だそうだ。
136. 毎朝、朝刊を読むのが父の習慣だ。
137. 金、銀、銅などの金属を鉱物という。
138. 動物園で象を見た。
139. 小麦粉を使ってケーキを作る。
140. 十五世紀のコロンブスの航海のえい画を見た。
141. 脈がはやい。
142. 毒へびに気をつけて。
143. よく効く薬
144. 事件が起きる。
145. 卒業証書をもらう。
146. 男性と女性
147. 主語を略す。

答え

クイズ(一)　6ページ

1．顔

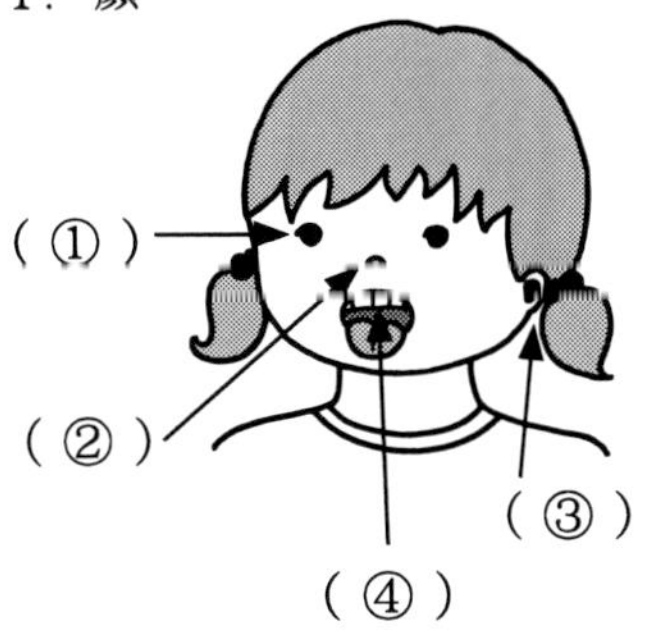

①	目（め）
②	鼻（はな）
③	耳（みみ）
④	歯（は）

2．体

①	手（て）
②	足（あし）
③	指（ゆび）
④	首（くび）
⑤	頭（あたま）

クイズ(二)　12ページ

①てんきよほう　②ゆき　③あめ　④ごぜんちゅう

⑤は(れ)　⑥ひるまえ　⑦かいせい　⑧さいこうきおん

⑨さいていきおん

クイズ(三)　30ページ

こんにちは。

桜《さくら》が散《ち》って　わか葉《ば》が　出《で》てきました。

この間《あいだ》は　お花見《はなみ》に　連《つ》れて行ってくれて　ありがとうございました。桜《さくら》は初《はじ》めてでしたが、とてもきれいでした。桜《さくら》の木《き》の下《した》で食《た》べたお弁当《べんとう》もおいしくて、いい思《おも》い出《で》になりました。

ブラジルにいる祖父《そふ》や祖母《そぼ》に　見《み》せてあげたかったです。みんなでとった写真《しゃしん》ができましたので、お送《おく》りします。みんな楽《たの》しそうな顔《かお》を　していますね。

夏休《なつやす》みには　絶対《ぜったい》　泳《およ》ぎに来《き》て下さい。父《ちち》も母《はは》も　楽《たの》しみに　待《ま》っています。

体《からだ》に気《き》をつけてください。いろいろありがとうございました。

四月十日《しがつとおか》

加山順子

塩田清一様

クイズ(四)　36ページ

1．①　きゅうゆう　②　ともだち

2．①　のはら　②　げんいん

3．①　いま　②　じかん

4．①　みぎて　②　しゅじゅつ　③　てがみ　④　せんしゅ

5．①　かじ　②　しごと　③　じけん　④　じこ

クイズ（五）　42ページ

Ⅰ

3. なら（う）
4. か（つ）
5. で（る）
6. か（りる）
7. はい（る）
8. な（く）
9. か（う）
10. か（す）
11. おし（える）
12. う（る）
13. ま（ける）
14. わら（う）

Ⅱ

クイズ（六）　98ページ

2. ⑥ 酸素
3. ⑧ 肥料
4. ⑦ 検査
5. ① 桜
6. ③ 交通事故
7. ② 群れ
8. ⑤ 血液型

クイズ（七）　120ページ

Ⅰ

1 血液《けつえき》 → 液体《えきたい》 → 体育《たいいく》

2 再会《さいかい》 → 会社《かいしゃ》 → 社会《しゃかい》

3 新旧《しんきゅう》 → 旧友《きゅうゆう》 → 友情《ゆうじょう》

4 肥料《ひりょう》 → 料理《りょうり》 → 理科《りか》

Ⅱ

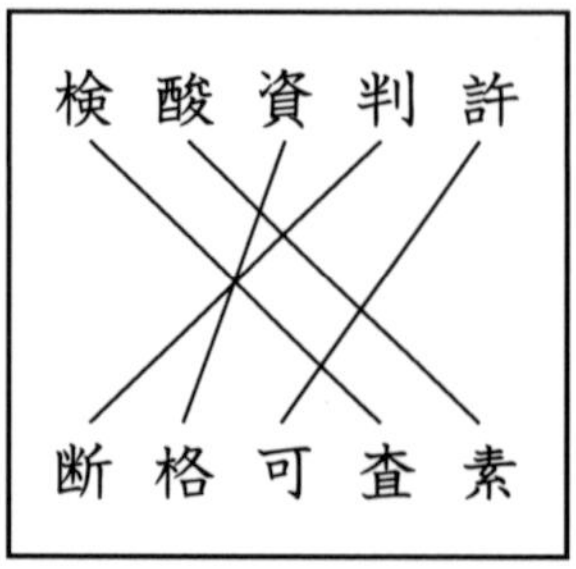

1 酸素　さんそ

2 資格　しかく

3 判断　はんだん

4 許可　きょか

クイズ（八）　131ページ

1. ① 扌　② 彳
2. ③ 亻　④ 氵
3. ⑤ 氵　⑥ 土
4. ⑦ 日　⑧ 米

クイズ（九） 144ページ

I.

1. 熱、暑、厚
2. 合っている、会った
3. 初めて、始め
4. 早く、速く
5. 着よう、来て

II.

1. つ（いた）、き（る）
2. くる（しい）、にが（い）
3. う（まれた）、い（きた）、じょうび
4. こうつう、はったつ、ともだち、かよ（う）、ゆうじょう
5. さんぷん、ぶんすう、わ（かる）、かぞ（え）

クイズ（十） 165ページ

I

1. （どくりつ）
独[立]
[立]つ
（たつ）

2. （せんそう）
戦[争]
[争]う
（あらそう）

3. （たいせつ）
大[切]
[切]る
（きる）

4. （しょうち）
承[知]
[知]る
（しる）

5. （めんせき）
面[積]
[積]む
（つむ）

II

1. 労—働 ／ 動
2. 接—続 ／ 読
3. 成—績 ／ 積
4. 理—科 ／ 料
5. 快—晴 ／ 清
6. 製—品 ／ 制
7. 複—雑 ／ 復
8. 講—演 ／ 構
9. 検—査 ／ 険
10. 授—業 ／ 受